自炊本

10分でつくる、
ひとりごはん。

頑張って作っても、だれもほめてくれない。

とにかく、すぐ食べたい。

包丁をにぎるのは、学校の調理実習以来。

材料多いと、買うだけでたいへん。そして、余る。

きゅうり３本１袋。気づけば２本が…溶けていた。

コンビニ食は、飽きてきた。そろそろ自炊、はじめようかな…

『自炊本』は、こんな本

10分で作れる、かんたんレシピ

切り方、味つけ、調理法がすべてかんたん。だから、料理初めて、でもだいじょうぶ。

材料ムダなし、のくふうが満載、節約エコレシピ

値段も調理もお手ごろな食材のみ使用。
やむなく残る食材も、「ミニおかず」や「野菜食べきりレシピ」でムダなし。

せまいキッチンでも作れるレシピ

道具はなるべく少なく、鍋ひとつや電子レンジで作れるレシピばかり。

余らせたくないから、たっぷり作る。そして、太る。

ワンルームだから、料理のにおいがこもる。レンジだけで作れればなぁ…

なんとなく作ってるから、味がイマイチ。

キッチンがとにかくせまい！　まな板は流しの上。コンロはひとつ。

	『自炊本』は、こんな本	P002			

肉・魚・とうふのおかず

001	ゆでしゃぶ&スープ	P008
002	しょうが焼き	P009
003	ピリ辛肉どうふ	P010
004	ホイコーロー	P011
005	肉野菜蒸し	P012
006	豚キムチ	P013
007	野菜の肉そぼろ煮	P014
008	早煮え肉じゃが	P015
009	とりのさっぱり煮	P016
010	とりのトマト煮	P017
011	照り焼きチキン	P018
012	バンバンジー&スープ	P019
013	酢豚風いため	P020
014	油淋鶏(ユーリンチー)	P021
015	甘から焼きひき肉	P022
016	蒸し焼きハンバーグ	P023
017	麻婆(マーボー)なす	P024
018	ソーセージと野菜のスープ煮	P025
019	ソーセージグラタン	P026
020	ジャーマンポテト	P027
021	魚肉ソーセージのねぎ焼き	P028
022	ツナと野菜のスープ煮	P029
023	魚缶のおろし煮	P030
024	魚缶のさっといため	P031
025	さばのみそ煮	P032
026	白身魚のイタリアン蒸し	P033
027	ぶりの照り焼き	P034
028	えびチリ	P035
029	鮭のホイル蒸し	P036
030	鮭の焼き南蛮	P037
031	さんまの塩焼き	P038
032	まぐろユッケ	P039
033	とうふステーキ	P040
034	ゴーヤチャンプルー	P041
035	とうふのツナなめこあん	P042
036	生揚げのピリ辛いため	P043

めん・ごはんもの

037	ナポリタン	P048
038	牛乳のクリームパスタ	P049
039	魚介のトマトパスタ	P050
040	きのこの和風パスタ	P051
041	梅しそパスタ	P052
042	冷製スープパスタ	P053
043	サラダうどん	P054
044	カレーうどん	P055
045	煮こみうどん	P056
046	そうらーめん	P057
047	チー玉丼	P058
048	中華丼	P059
049	いか納豆丼	P060
050	鮭の混ぜずし	P061
051	ステーキライス	P062
052	レタスチャーハン	P063
053	カレーライス	P064
054	オムライス	P065
055	豆乳リゾット	P066
056	タコライス	P067

この本のきまり

- レシピはすべて1人分　● 計量の単位 >>> 小さじ1=5㎖　大さじ1=15㎖　カップ1=200㎖（㎖=CC）
- フライパン >>> フッ素樹脂加工のフライパンを使用。　● 電子レンジ >>> 加熱時間は500Wのめやす。600Wなら0.8倍（→P.68電子レンジ）。
- スープの素 >>> 顆粒を使用。ビーフ味、チキン味などはお好みで。商品によって塩気が異なるので、最後は味見をして確認。
- マークについて >>>

{ フライパン　 鍋　 電子レンジ　 オーブントースター } 使用する調理器具　 お弁当にも使えるおかず

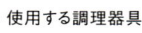

もくじ

肉・魚・とうふのおかず

ごはん、なに食べよう？

しょうが焼き、肉じゃが、えびチリ…

おなじみ料理も、ひとり分ならではのそれがある。

パパッと作れるから、自炊ごはんが楽しい！

001

ゆでるだけ、手間いらず **ゆでしゃぶ&スープ**

■材料　322kcal
豚薄切り肉 … 100g
もやし … ½袋（100g）
レタス … 2〜3枚（100g）
しめじ … ½パック（50g）
A＜水 … 400mℓ、酒 … 大さじ2、スープの素 … 小さじ1＞
ぽん酢しょうゆ … 適量
【わかめスープ】
乾燥カットわかめ … 小さじ1
塩・こしょう・白すりごま … 各少々

■作り方
① 鍋にAを入れ、ふたをして強火にかける。
② レタスはひと口大にちぎる。しめじは小房に分ける。
③ Aが沸とうしたら野菜全部を入れ、ふたをして2分ゆでる。アクとりなどですくって、皿に盛る。
④ 続けて肉を1枚ずつ入れてゆでる。色が変わったらとり出し、皿に盛る。ぽん酢しょうゆを添える。
⑤ ゆで汁のアクをとり、スープの材料を加える。ひと煮立ちさせる。

□ 余った“もやし”の活用法→P.83　“レタス”→P.85　“しめじ”→P.81

［豚肉の部位］しゃぶしゃぶ用肉は薄切りよりも薄くて食べやすいが、量が多くて割高なら、薄切り肉でもOK。豚肉はロース肉、肩ロース肉、もも肉、ばら肉の順に値段が安くなる。ロース肉はやわらかな赤身、もも肉はややかため、ばら肉は脂肪が多めだが、うま味もある。

002

いきなり焼ける **しょうが焼き**

POINT!

いためものタイプのしょうが焼きなので、肉の下味は不要。しょうがだれをかけて仕上げ、キャベツにもたれをからめて食べる。

■ 材料　395㎉

豚薄切り肉 … 100g
キャベツ … 1～2枚（100g）
トマト … ½個（70g）
たまねぎ … ¼個（50g）
A＜めんつゆ（3倍濃縮）・酒 … 各大さじ1½、おろししょうが … 小さじ1＞
オリーブ油（またはサラダ油） … 大さじ½

■ 作り方

① キャベツはせん切りにする。トマトは3つに切る。皿に盛りつける。
② たまねぎは薄切りにする。Aは合わせておく。
③ フライパンに油を温め、肉を入れて強火でいためる。肉の色が変わったら、たまねぎを加えて30秒ほど一緒にいためる。
④ Aを加えて全体にからめ、汁気が少し残っているくらいで火を止める。キャベツにのせるように盛りつける。

□ 余った“キャベツ”は冷凍可能→P.95

［油の種類］クセのないサラダ油（キャノーラ油など）、パスタなどに向くオリーブ油、中華などに向くごま油の3本があると、味の幅が広がる。ひとり暮らしで3種類そろえるのは大変なので、この本では、小びんのあるオリーブ油とごま油を使用している（→P.102）。

003

POINT!

すき焼き風に具を区分けして煮ると、ぐちゃぐちゃにならずおいしそうにできあがる。とうふは手でざっくりちぎると、味がよくしみこむ。

さっと煮るだけ **ピリ辛肉どうふ**

■ 材料　290kcal
牛こま切れ肉 … 50g
とうふ* … 小1丁（150g）
ねぎ … ½本（50g）
えのきだけ … ½パック（50g）
A＜めんつゆ（3倍濃縮）・水 … 各大さじ1½、豆板醤《トウバンジャン》 … 小さじ½＞
*とうふは、もめんのほうが形くずれしにくいが、絹ごしでもおいしい。

■ 作り方
① ねぎは斜め切りに、えのきだけは根元を切る（キッチンばさみでも可）。
② 鍋に肉とAを入れ、ふたをして中火で1分煮る。
③ 肉を端に寄せ、①を加える。ふたをして、しんなりするまで2～3分煮る。
④ とうふをちぎって加え、上下を返して1～2分煮る。

□ 余った“えのきだけ”の活用法→P.81

[豆板醤] そら豆やとうがらしを発酵させた、中国の辛味調味料。辛味だけではなく、複雑なうま味があるので、いためものや煮ものにおすすめ。ほかには、韓国調味料のコチュジャンもおいしい。辛味のある甘みそで、この料理なら豆板醤のかわりに、小さじ1ほど加える。

004

POINT!

肉は重ねたまま焼き、野菜をかぶせて蒸し焼き状態に。肉の脂がほどよく出るので、油いらず。しかも肉がやわらかく仕上がる。

油いらずの **ホイコーロー**（豚とキャベツのみそいため）

■材料　477kcal
豚ばら薄切り肉 … 100g
キャベツ … 2〜3枚（150g）
ねぎ … 1本（100g）
A＜おろししょうが・おろしにんにく … 各小さじ$\frac{1}{4}$＞
B＜めんつゆ（3倍濃縮）・水 … 各大さじ1、
　みそ … 大さじ$\frac{1}{2}$、豆板醤《トウバンジャン》 … 小さじ$\frac{1}{4}$＞

■作り方
① キャベツはひと口大にちぎり、ねぎは斜め薄切りにする。Bは合わせる。
② 肉は重なったまま4つに切り、フライパンに入れる。肉にAをのせる。
③ フライパンを中火にかける。1〜2分して片面が焼けたら肉を返し、野菜をのせる。そのまま1〜2分おく。
④ 肉をほぐしながらいため、Bを加えてからめる。

［だし入りみそ］この本では、ひとり分の少量のだしをとらなくてすむ、だし入りのみそを使っている（→P.102）が、ふつうのみそでもOK。みそ汁には、ふつうのみそにだしの素少々をたす。

005

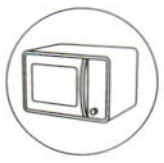

器ひとつで完成！ **肉野菜蒸し**

■材料　326kcal
豚薄切り肉 … 80g
はくさい … 1～2枚（100g）
もやし … ½袋（100g）
にら … ½束（50g）
A＜酒・ごま油 … 各大さじ½＞
B＜練り梅 … 大さじ½、ぽん酢しょうゆ … 大さじ1½＞

■作り方
① はくさいは白くて厚い軸の部分を切り分け、斜めにそぐように2cm幅に切る。葉はざく切りにする。にらは5cm長さに切る。
② 盛りつける器に野菜を入れ、肉をのせる。Aを全体にふりかけ、ラップをして電子レンジで約5分加熱する。
③ Bを合わせてかける。

□余った“もやし”の活用法→P.83

［蒸し野菜］野菜は加熱すると、ぐっとかさが減り、たっぷり食べられる。レンジ蒸しは手軽で、ゆで汁や煮汁にうま味や栄養素が溶け出ることがないので、おすすめ。野菜をかえて、たれをかえて、いろいろ楽しめる。冷蔵庫に残った野菜の一掃にも（→P.88）。

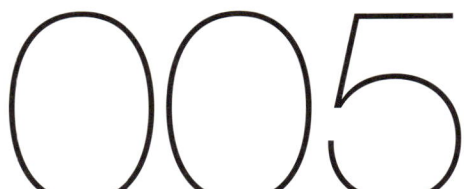

006

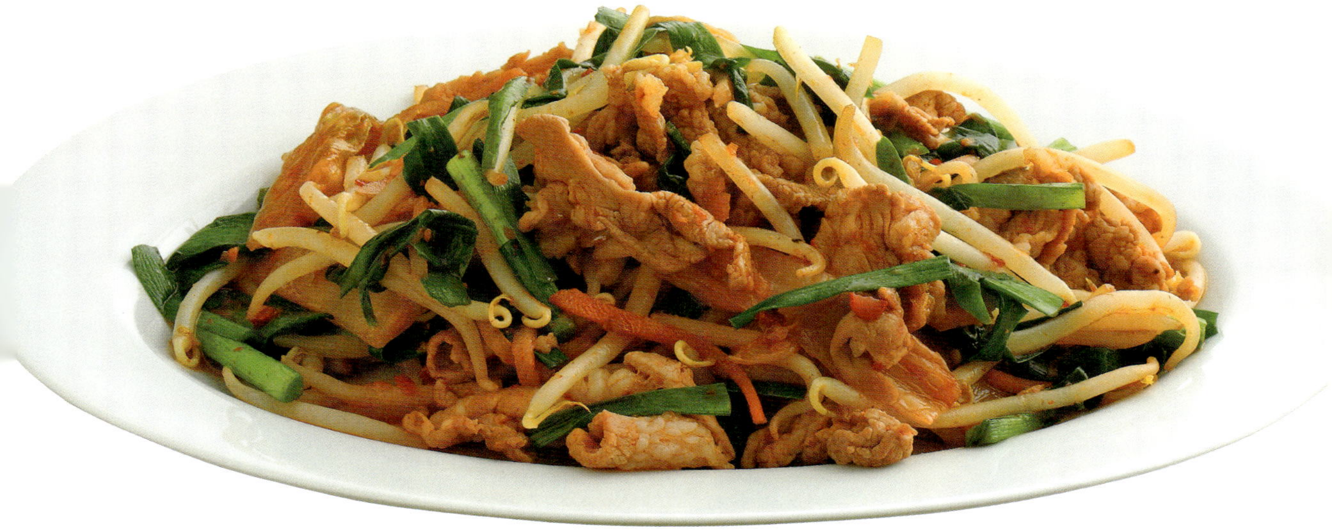

まな板いらずの **豚キムチ**

POINT!

にらはキッチンばさみで切れるので、まな板いらず。ほかに万能ねぎ、きのこの根元、ブロッコリーの房などもはさみで切れる。

■材料　308kcal

豚こま切れ肉 … 100g
　塩・こしょう … 各少々
はくさいキムチ … 50g
もやし … ½袋（100g）
にら … ½束（50g）
ごま油 … 小さじ1
しょうゆ … 小さじ1

■作り方

① フライパンに油を中火で温め、肉を入れて塩、こしょうをふり、いためる。
② 肉の色が変わってきたら、キムチを加えて軽くいためる。もやしを加え、にらを切って加える。
③ しょうゆを加え、ひと混ぜして火を止める。

□余った“もやし”の活用法→P.83

［キムチ］発酵食品のため、買ったあとも乳酸発酵が進み、少しずつ酸味が増して味わいが変わってくる。「浅漬けキムチ」などという熟成前の商品もあるが、こちらはさっぱりめの味わいで、賞味期限が短め。好みのほうを使おう。

007

レンジでかんたん **野菜の肉そぼろ煮**

■材料　212kcal
とりひき肉 … 50g
冷凍かぼちゃ … 3切れ（100g）
冷凍さやいんげん … 6本（20g）
たまねぎ … 30g
A＜めんつゆ（3倍濃縮）… 大さじ1、かたくり粉 … 小さじ1、おろししょうが … 小さじ1/4、水 … 50mℓ＞

■作り方
① かぼちゃは半解凍し（ラップをして電子レンジで約30秒）、半分に切る。いんげんは凍ったまま半分に、たまねぎは縦半分に切る。
② 器にひき肉とAを入れ、よく混ぜる。たまねぎを加え、ラップをしてレンジで約2分加熱する。
③ 一度とり出して混ぜ、かぼちゃといんげんを加える。再びラップをして約2分加熱し、ひと混ぜする。

［便利な冷凍野菜］市販の冷凍野菜は、すぐに使えて、保存がきくので便利。かぼちゃ、さやいんげん、コーン、ブロッコリー、ほうれんそうなどがある。旬に収穫したものを瞬間冷凍しているので、栄養価も高い。

008

ワザあり10分 早煮え肉じゃが

■材料　388kcal
牛こま切れ肉 … 80g
じゃがいも … 1個（150g）
たまねぎ … ½個（100g）
にんじん … 30g
冷凍さやいんげん … 3本（10g）
A＜めんつゆ（3倍濃縮）… 大さじ2、水 … 150mℓ＞

■作り方
① じゃがいもは8つに切る。にんじんは、いもよりもやや小さめに切る。合わせてラップをして、電子レンジで約3分加熱する。
② たまねぎは縦4つに、牛肉は食べやすい長さに切る。
③ 鍋に①、②、Aを入れて強火にかける。沸とうしたらアクをとり、中火にする。具の上に落としぶた（穴をあけたアルミホイルでも可。→P.107）をのせ、鍋のふたをずらしてのせる。5〜6分煮る。
④ いもがやわらかくなったら、いんげんを半分に折って加え、ひと混ぜして火を止める。

POINT!

火の通りにくい野菜は、事前にレンジ加熱。煮る時間をぐっと短縮できる。

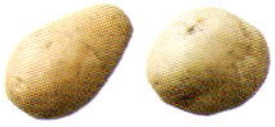

［じゃがいもの種類］丸くてほくほくした食感の男爵（写真右）と、平べったくてねっとりした食感のメークイン（写真左）がおなじみ。メークインは皮むきがラクで、煮くずれしにくい。好みのほうを使ってOK。

009

すし酢でやわらか **とりのさっぱり煮**

■材料　282kcal

とりもも肉（から揚げ用）… 3～4切れ（100g）
A＜おろししょうが … 小さじ¼、しょうゆ … 小さじ1＞
たまねぎ … ¼個（50g）
ブロッコリー … 80g
にんじん … 50g
B＜水 … 150mℓ、スープの素 … 小さじ¼、すし酢 … 大さじ1＞

■作り方

① とり肉に、Aをよくもみこむ。
② たまねぎは縦半分に、にんじんは6つに切る。ブロッコリーは小房に分け、茎は食べやすいように薄く切る。
③ 鍋に肉、たまねぎ、にんじん、Bを入れて強火にかける。
④ 沸とうしたら、アクをとって中火にし、ブロッコリーを加える。ふたをして4～5分煮る。途中で上下を返す。
⑤ ふたをとって強火にし、煮汁が少し残る程度まで煮つめる。

［すし酢］酢に砂糖、塩を混ぜたもの（酢大さじ1に対し、砂糖大さじ1/2、塩少々がめやす）。すしめしや、きゅうりの酢のものなどにすぐに使えて便利。酢には、料理の油っこさをやわらげる、酸味があることで塩分を減らせる、などの効果もある。

010

煮こまずおいしい **とりのトマト煮**

■材料　348kcal

とりもも肉（から揚げ用）… 3～4切れ（100g）
A＜塩 … 小さじ⅙、こしょう … 少々＞
たまねぎ … ½個（100g）
キャベツ … 1～2枚（100g）
エリンギ … 1本（30g）
B＜トマト水煮缶詰 … ½缶（200g）、スープの素 … 小さじ1＞
バター … 5g
（あれば）パセリ … 少々

■作り方

① とり肉に、Aをよくもみこむ。
② たまねぎは1cm幅のくし形に、キャベツはひと口大に切る。エリンギは長さを半分にして薄切りにする。
③ フライパンにバターを溶かし、強めの中火で肉を焼く。両面に焼き色がついたら②を加え、しんなりするまで1分ほどいためる。
④ Bを加えて混ぜる。ふたをして中火で約5分煮る。器に盛り、パセリをふる。

□余った“エリンギ”の活用法→P.81

［トマト水煮缶］ホールタイプとカットタイプがあり、たいていの料理はどちらでもOK。ホールは酸味が少なく、形が残りにくい品種でトマトソースなどに。カットは、さっと煮こむ料理に。1/2缶使った残りはポリ袋か容器に移して冷凍。保存のめやすは約3週間。

011

めんつゆがらめの **照り焼きチキン**

■材料　347kcal
とりもも肉（から揚げ用）… 3〜4切れ（100g）
たまねぎ … ½個（100g）
ピーマン … 1個（40g）
しいたけ … 2個（30g）
ごま油 … 小さじ2
A＜酒・水 … 各大さじ2、めんつゆ（3倍濃縮）… 大さじ1＞
白すりごま … 小さじ½

■作り方
① たまねぎは縦4つに、ピーマンは種をとってひと口大に切る。しいたけは軸をとる。
② フライパンに油小さじ1を温めて①を入れ、強めの中火で焼く。しんなりしたら皿に盛り、塩少々（材料外）をふる。
③ フライパンに油小さじ1をたし、とり肉を入れる。強火にかけ、フライ返しで押さえながら両面を焼く。
④ 焼き色がついたら中火にし、Aを加えて1〜2分煮からめる。皿に盛り、ごまをふる。

□余った“しいたけ”の活用法→P.81　“ピーマン”→P.86

［から揚げ用とり肉］とりもも肉をひと口大に切ったもの。多少割高だが、切る手間がないのでラク。とり肉を切るときは、皮を下にすると切りやすい。脂肪（皮と身の間の黄色いかたまり）はざっと除くとよいが、うま味やコラーゲンを含む皮まで全部とりすぎないように。

012

レンジでかんたん **バンバンジー&スープ**

■材料　299kcal（蒸しどりは1食分のエネルギー）
とりむね肉 … 1枚（200g）
　塩 … 少々、酒 … 小さじ1
A＜おろししょうが … 小さじ¼、ねぎ* … 5cm長さを2つ＞
トマト … 1個（150g）
きゅうり … ½本（50g）
たれ＜白すりごま … 大さじ1、マヨネーズ・ぽん酢しょうゆ … 各大さじ½＞
【ねぎスープ】
B＜水 … 150mℓ、しょうゆ・塩・こしょう … 各少々＞
ねぎ（小口切り）… 少々
*風味づけ用なので葉先や端切れでOK。

■作り方
① とり肉は2つに切る。器に入れて塩と酒をふり、上下を返す。Aのしょうがをところどころにのせ、ねぎをのせる。ラップをして電子レンジで約3分加熱する。そのままおいて少しさます（⇒蒸しどり）。
② カップや小鉢に①の蒸し汁とBとねぎを入れ、ラップなしでレンジで約1分30秒加熱する。
③ トマトときゅうりは食べやすく切る。蒸しどりの半量を薄切りにする。野菜とともに皿に盛る。たれの材料を合わせてかける。

□余った“きゅうり”の活用法→P.82

POINT!

レシピの蒸しどりは、2食分の作りやすい分量。残ったものは細くさいて冷凍しておくと、サラダやラーメンの具に使えて便利。冷凍で約1か月保存可能。

［とり肉の部位］むね肉は、やわらかくて脂肪が少なく、あっさりした味。加熱しすぎると、パサつきやすい。もも肉は、しっかりした肉質で脂肪もあり、コクがある。こま切れ肉とは、部位が混ざったもので、切る手間いらずで値段も手頃。

013

市販のから揚げで **酢豚風いため**

■材料　399kcal
市販のとりのから揚げ … 3〜4個（100g）
たまねぎ … ¼個（50g）
ピーマン（緑・赤など）… 小2個（60g）
しめじ … ½パック（50g）
A＜ぽん酢しょうゆ・トマトケチャップ・水 … 各大さじ1、こしょう … 少々＞
オリーブ油（またはサラダ油）… 大さじ½

■作り方
① 皿にキッチンペーパーを敷き、から揚げをのせる。ラップなしで電子レンジで温める（そうざい品…約1分、冷凍品…表示に従う）。
② たまねぎは縦半分に、ピーマンはひと口大に切る。しめじは小房に分ける。Aは合わせておく。
③ フライパンに油を温め、野菜を入れて、中火でいためる。
④ しんなりしてきたら、から揚げを加えてさっといためる。Aを加えて強火にし、全体につやよくからまったら皿に盛る。

□余った“ピーマン”の活用法→P.86　“しめじ”→P.81

［から揚げ］2食分①とりもも肉（から揚げ用）200gに＜めんつゆ（3倍濃縮）大さじ1、酒大さじ1/2、塩・こしょう各少々＞をもみこみ、10分おく。②肉の汁気をふき、かたくり粉大さじ2をまぶす。③深型フライパンに油を2〜3㎝ほど中温（160〜170℃）に熱し、4〜5分揚げる。

014

から揚げ＋野菜で 油淋鶏《ユーリンチー》

■材料　347kcal
市販のとりのから揚げ … 3～4個（100g）
ねぎ … 5cm
たれ＜ぽん酢しょうゆ … 大さじ1、おろししょうが・ごま油 … 各小さじ½、
　　砂糖 … 少々＞
トマト … 1個（150g）
レタス … 2～3枚（100g）

■作り方
① ボールにたれの材料を合わせる。ねぎをあらみじん切りにして加える。
② トマトは食べやすく切る。レタスは手でちぎる。皿に盛りつける。
③ 小さめの皿にキッチンペーパーを敷き、から揚げをのせる。ラップなしで電子レンジで温める（そうざい品…約1分、冷凍品…表示に従う）。①のボールに入れてたれをからめ、②の皿に盛りつける。

□ 余った“レタス”の活用法→P.85

POINT!

から揚げはそうざい品が求めやすく、冷凍品も便利。

［揚げものの温め］電子レンジでもよいが、オーブントースターで温めると、よりカリッとしておいしい。アルミホイルの上に並べて、6～7分（そうざい品。冷凍品は表示に従う）。焦げそうなときは、途中でアルミホイルをかぶせる。

015

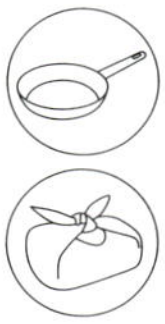

パックからフライパンへ **甘から焼きひき肉**

POINT!

ひき肉はパックから直接フライパンへ。フライ返しを使い、食べやすく切り分ける。

■材料　316㎉

とりひき肉 … 100g
長いも … 80g
みず菜 … 30g
A＜酒 … 大さじ1、しょうゆ … 大さじ $\frac{1}{2}$、砂糖 … 小さじ $\frac{1}{2}$＞
ごま油 … 小さじ2
塩・七味とうがらし … 各少々

■作り方

① 長いもは洗い、ひげ根をざっと除く。皮つきのまま端から7～8㎜厚さに切る。みず菜は3㎝長さに切って、皿に盛る。
② Aは合わせる。ひき肉はパックのラップの上から軽く押さえ、7～8㎜厚さにする。
③ フライパンに油小さじ1を温め、長いもを両面焼く。皿に盛りつけ、塩をふる。
④ フライパンに油小さじ1をたして温め、ひき肉を入れる。フライ返しで押さえながら、中火で両面を30秒ずつ焼き、4つに切り分ける。切り口が白くなったら、Aを加えてからめる。盛りつけて七味をふる。

□余った“みず菜”の活用法→P.87

［長いものすりおろし］余った長いもは、まとめてすりおろして冷凍しておくと、便利（約3週間保存可）。自然解凍で、ごはんやそばにかけてすぐに食べられる。すりおろすときに手がかゆくなったら、酢水で手を洗うとやわらぐ。

016

こねずにそのまま 蒸し焼きハンバーグ

POINT!

ひき肉はそのまま蒸し焼きにする。ステーキ風のややかための仕上がりだが、野菜たっぷりのソースでおいしい。

■材料　353kcal
合びき肉*…100g、塩・こしょう…各少々
たまねぎ…1/4個（50g）
ミニトマト…4個
オリーブ油…大さじ1/2
酒…大さじ1
A＜トマトケチャップ…大さじ1、中濃ソース…大さじ1/2＞
レタス…1〜2枚（50g）
*牛豚の合びき肉か、牛ひき肉がおすすめ。市販の生ハンバーグを利用しても。

■作り方
① たまねぎは薄切りにする。ミニトマトは半分に切る。
② ひき肉をパックのラップの上から軽く押さえて、約1.5cm厚さに形を整える。片面に塩、こしょう各少々をふる（こしょうはたっぷりめがおいしい）。
③ フライパンに油を温め、塩、こしょうをふった面を下にしてひき肉を入れ、もう片面に塩、こしょう各少々をふる。中火で約2分焼く。
④ 焼き色がついたら裏返して、弱めの中火にする。①をのせ、酒をふってふたをする。5〜6分蒸し焼きにして火を通す（肉の上にしみ出す肉汁が透明になったらOK）。
⑤ レタスをちぎって皿に盛る。ハンバーグだけをとり出して盛りつける。フライパンの野菜にAを加え、混ぜてひと煮立ちさせ、ハンバーグにかける。

□余った“レタス”の活用法→P.85

［ハンバーグ］2食分①＜ひき肉200g、たまねぎ100g（みじん切りにしてバター少々でいためる）、パン粉カップ1/4（牛乳大さじ1・1/2を加える）、卵1/2個、塩小さじ1/6＞をよく混ぜて形づくる。②油少々で両面を焼く。*2食分作り、焼いたものを冷凍保存が便利。

017

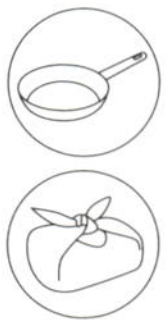

焼き肉のたれで **麻婆《マーボー》なす**

■材料　245㎉
豚ひき肉 … 50g
なす … 2個（140g）
ピーマン … 1個（40g）
ごま油 … 大さじ½
A＜塩・こしょう … 各少々＞
水 … 50㎖
焼き肉のたれ* … 大さじ1½
B＜水 … 大さじ2、かたくり粉 … 小さじ½＞
*辛口がおすすめ。中辛、甘口のときは豆板醤《トウバンジャン》少々を加えるとおいしい。

■作り方
① なすは縦8つに、ピーマンは1㎝幅に切る。
② フライパンに油を温め、ひき肉を入れて、中火でほぐしながらいためる。色が変わったら、なすを加えて1分いため、Aをふる。
③ 分量の水を加え、ふたをして2分蒸し煮にする。その間にBを合わせる。
④ ピーマン、焼き肉のたれを加えて1分ほどいためる。Bを加えて混ぜ、とろみがついたら火を止める。

□余った“なす”の活用法→P.84　“ピーマン”→P.86

［焼き肉のたれ］これ1本で、いためものの味つけが決まるので便利。肉野菜いためや、チャーハンがかんたんにできる。焼き肉のたれがないときは、上の料理はみそ味もおいしい。たれのかわりに＜みそ大さじ1、砂糖大さじ1/2＞を使い、作り方③で水と合わせて加える。

018

まとめて煮るだけ ソーセージと野菜のスープ煮

■材料　308㎉
ウィンナーソーセージ … 大2本（50g）
じゃがいも … 小1個（100g）
にんじん … 30g
たまねぎ … ¼個（50g）
エリンギ … 1本（30g）
A＜水 … 200㎖、スープの素 … 小さじ1＞
塩・こしょう … 各少々
バター … 5g

■作り方
① じゃがいもは1㎝厚さのいちょう切りにする。にんじんは、いもよりも薄く切る。たまねぎとエリンギは縦4つに切る。
② 鍋に①とソーセージ、Aを入れて強火にかける。沸とうしたら中火にし、ふたをして7〜8分煮る。
③ いもがやわらかくなったら、塩、こしょうで味をととのえる。器に盛ってバターをのせる。

□余った“エリンギ”の活用法→P.81

[スープのアレンジ]スープは多めに作って、味を変えて楽しもう。最初は、上のようにシンプルなコンソメ味。次に、トマトやトマト水煮缶を加えてトマト味。最後は、カレールウを加えてカレー味に。スープが少なめなら、カレーライスにもなる。

019

カップスープの素で **ソーセージグラタン**

POINT!

ポタージュ系の市販カップスープの素を、牛乳で溶かして使う。ホワイトソースがわりになり、味つけ不要で手軽。

■材料　524㎉

ウィンナーソーセージ … 3本（50g）
冷凍かぼちゃ … 3切れ（100g）
冷凍さやいんげん … 8本（30g）
しめじ … ¼パック（25g）
A＜こしょう … 少々、バター（ちぎる）… 10g＞
ソース＜牛乳 … 100㎖、コーンスープの素 … 1食分＞
スライスチーズ … 1枚

■作り方

① かぼちゃは半解凍し（ラップをして電子レンジで約30秒）、半分に切る。いんげんは凍ったまま半分に切る。しめじは小房に分け、ソーセージは斜め半分に切る。
② 耐熱皿に①を入れ、Aのこしょうをふり、バターをのせる。ラップをしてレンジで約2分加熱。
③ 牛乳はレンジで約1分温める。スープの素を入れて溶かす。②にかけて、チーズをのせる。
④ オーブントースターで約3分、焼き色がつくまで焼く。

□余った“しめじ”の活用法→P.81

[カップスープの素] 湯で溶いて飲むのはもちろん、料理にも使えるので便利。少量の牛乳や湯で溶いて濃いめにすると、上のようにグラタンソースとして使ったり、パスタソースに使ったり。温かいごはんにかければ、スープごはんがすぐ食べられる。

020

レンジ時短ですぐ作れる **ジャーマンポテト**

■ 材料　368kcal（パンとクリームチーズは除く）
ウィンナーソーセージ*…大2本（50g）
じゃがいも**…1個（150g）
たまねぎ…¼個（50g）
パセリ…小1枝
オリーブ油…大さじ½
A＜粒マスタード…小さじ1、塩・こしょう…各少々＞
*チョリソなど辛味のきいたものがおすすめ。
**冷凍フライドポテトでも。半解凍してから作る。

■ 作り方
① じゃがいもはよく洗い、皮つきのまま8つのくし形に切る。水にさらし、水気をきって皿に広げる。ラップなしで電子レンジで約3分、やわらかくなるまで加熱する。
② たまねぎは縦半分に切る。
③ フライパンに油を温め、いもを中火で2～3分いためる。焼き色がついたら、たまねぎとソーセージを加え、1分ほどいためる。
④ Aと、パセリをちぎって加え、ひと混ぜする。

［じゃがいもの芽］じゃがいもは日に当たると芽が出やすく、緑色をおびるので、冷暗所もしくは夏場は冷蔵保存。芽や緑色になった部分はえぐ味（ソラニンなど）があるので、芽はえぐりとり、緑色の部分は皮を厚めにむく。

021

混ぜて焼くだけ **魚肉ソーセージのねぎ焼き**

■ 材料　331kcal

魚肉ソーセージ … 1本（75g）
ねぎ … ½本（50g）
かたくり粉 … 大さじ2
卵 … 1個
ごま油 … 小さじ1
ブロッコリー … 50g
しょうゆ・おろししょうが … 各少々

■ 作り方

① ねぎ、ソーセージは斜め薄切りにする。
② ①をボールに入れ、かたくり粉を加えて混ぜる。卵を加えて混ぜる。
③ フライパンに油を中火で温め、②の生地を3等分にして入れる。弱火にし、フライ返しで押さえながら焼き色がつくまで両面を焼く。
④ ブロッコリーを小房に分ける。盛りつける皿にのせ、ラップをして電子レンジで約1分加熱する。③を盛りつけ、しょうがじょうゆで食べる。

［魚肉ソーセージ］魚のすり身が原料。安くて食べやすく、日もちもするため便利。味つけと加熱調理がしてあるのでそのままでも食べられ、料理に加えることもできる。カルシウムやビタミンB2などが多いが塩分も多め。カルシウムやDHAを添加した商品もある。

022

パッコンと開けるだけ　**ツナと野菜のスープ煮**

■ 材料　300㎉
ツナ缶詰*… 小1缶（80g）
トマト … 1個（150g）
キャベツ … 2枚（100g）
たまねぎ … ¼個（50g）
A＜水 … 150㎖、スープの素 … 小さじ½＞
塩・こしょう … 各少々
*スープにうま味が出るので油漬けタイプがおすすめ。フレークよりも身がブロック状のもののほうが、おいしそうにできる。

■ 作り方
① トマトは6つのくし形切りにする。キャベツはざく切りにする。たまねぎは横半分に切る。
② 鍋に①とAを入れ、強火にかける。
③ 沸とうしたら、缶詰を汁ごと入れ、塩、こしょうをふる。ふたをずらしてのせ、弱めの中火で6〜7分煮る。

POINT!

沸とう後ツナを加えたら、あとは煮るだけ。ツナの形がくずれるとぐちゃぐちゃになるので、かき混ぜないようにする。

［ツナ缶の種類］油漬けタイプとスープ・水煮タイプがある。後者のほうがカロリーは少ないが、うま味も少なくさっぱりとした味わい。また、ツナの形状によって、身が細かいフレークタイプ、身がブロック状のソリッドタイプがある。

023

味つけ不要 魚缶のおろし煮

■材料　245kcal
魚の缶詰*（しょうゆ味）… 1缶（100g）
だいこん … 100g
えのきだけ … $\frac{1}{2}$パック（50g）
ねぎ … 10cm
おろししょうが … 小さじ$\frac{1}{4}$
*いわしやさんまなど（→P.31）

■作り方
① だいこんは皮をむいてすりおろし、汁はきらずに、おろししょうがを混ぜる。
② えのきだけは根元を切り落とし、長さを半分に切ってほぐす。ねぎは斜め薄切りにする。
③ 盛りつける器に缶詰を汁ごと入れる。②をのせて、①をかける。ラップをして電子レンジで2分～2分30秒、ねぎがしんなりするまで加熱する。

□余った“えのきだけ”の活用法→P.81

［だいこんの皮きんぴら］①だいこんの皮50gを細く切る。②ごま油少々でさっといため、＜めんつゆ（3倍濃縮）大さじ1/2、酒大さじ1＞を加える。好みで七味とうがらし少々をふる。冷蔵で2～3日保存可。

024

安い、かんたん、早い　魚缶のさっといため

POINT!

いわしやさんまなどの缶詰は、手頃な値段で保存もきくので便利。そのまま食べるだけでなく、野菜を加えると、栄養バランスのよいおかずになる。

■材料　280kcal

魚の缶詰（かば焼き味）… 1缶（100g）
ピーマン … 1個（40g）
ねぎ … ½本（50g）
ごま油 … 小さじ1

■作り方

① ピーマンは種をとって細切りに、ねぎは斜め切りにする。
②フライパンに油を温め、①をいためる。しんなりしてきたら、缶詰を汁ごと加え、さっといためる。

□余った“ピーマン”の活用法→P.86

［ねぎの種類］関東では根の白い部分を食べる「根深ねぎ」、関西では緑の葉を食べる「葉（青）ねぎ」が好まれる。「万能ねぎ」は葉ねぎを早めに収穫したもので、小ねぎ、細ねぎともいわれる。ねぎの辛味の成分には、血行促進、殺菌、抗酸化作用がある。

025

レンジで作れる さばのみそ煮

■材料　233kcal
さば … 1切れ（80g）
なす … 1個（70g）
ねぎ … ½本（50g）
しょうが … 小1かけ（5g）
A＜みそ … 小さじ2、砂糖・めんつゆ（3倍濃縮）… 各大さじ½、酒（または水）… 大さじ1＞

■作り方
① なすは縦半分に切り、1cm幅の斜め切りにする。ねぎは3cm長さに切る。しょうがは皮つきのまま薄切りにする。Aは合わせる。
② 盛りつける器にさばを皮を下にして入れる。野菜をのせ、ラップをして電子レンジで約2分加熱する。一度とり出し、野菜を寄せてさばを裏返し、Aを加える。再びラップをして、約2分加熱する。
③ スプーンでたれをさばと野菜にかけ、1〜2分おいて味をなじませる。
*さば2切れで作るときは、材料を2倍にし、レンジは3分＋3分加熱する。加熱したさばは冷凍保存でき、めやすは約2週間。

□余った“なす”の活用法→P.84

［生さばと塩さば］さばのみそ煮など、調味する料理には生さばを使う。塩さばは、そのまま焼いて食べるのが一般的で、みそ煮などにすると、塩からくなってしまうので注意。

026

レンジでチン!で完成 **白身魚のイタリアン蒸し**

POINT!

材料を器に入れて、レンジにかければできあがり。ミニトマトは破裂しないように、切るか切り目を入れる。

■材料　160kcal
白身魚（生たら、たいなど）… 1切れ（80g）
A＜塩 … 小さじ⅙、こしょう … 少々＞
たまねぎ … ¼個（50g）
エリンギ … 1本（30g）
ミニトマト … 3個
B＜塩・こしょう … 各少々、酒（または白ワイン）・オリーブ油 … 各大さじ½＞
レモン汁 … 小さじ1
（あれば）パセリ・レモン … 各少々

■作り方
① 魚の両面にAをふる。
② たまねぎは薄切りに、エリンギは縦6つに切る。ミニトマトは横半分に切る。
③ 盛りつける器に魚を入れ、②をのせる。全体にBをかける。
④ ラップをして、電子レンジで約5分加熱する。レモン汁をかけ、パセリを飾る。

□余った“エリンギ”の活用法→P.81

［白身魚］たら、たい、ひらめ、かれいなどのことで、淡泊な味とやわらかな身が特徴。切り身で使いやすい、たらやたいがおすすめ。たらには、生たらと塩たらがある。上の料理は塩気の少ない甘塩たらも使えるが、Aの塩はひかえる。

027

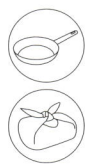

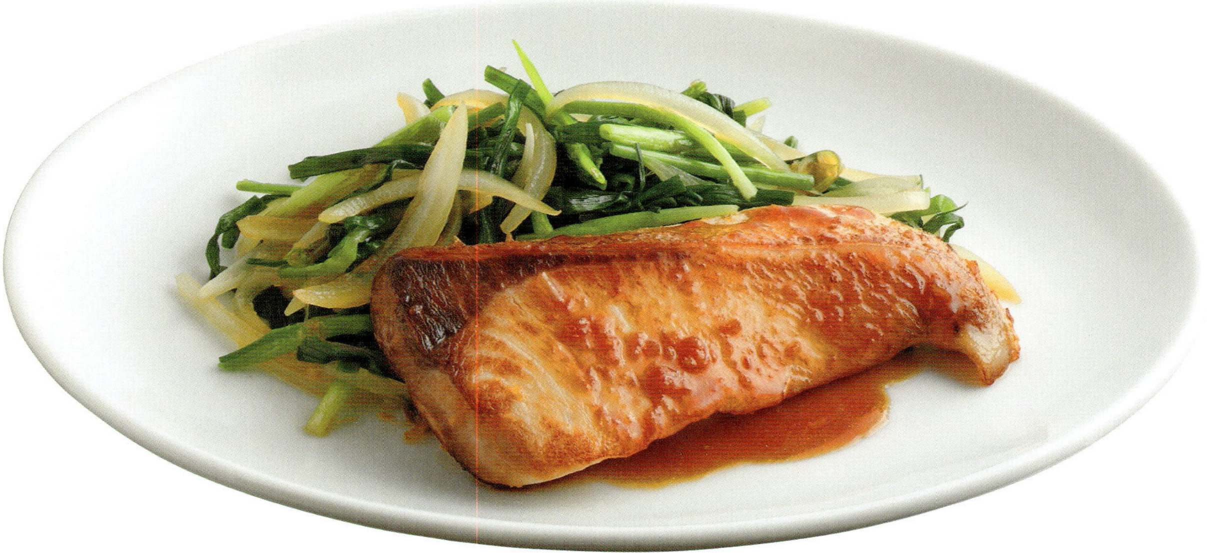

野菜もたっぷり **ぶりの照り焼き**

POINT!

たれをフライパンで合わせるときは、焦げないように、いったん火を止める。

■ 材料　275kcal

ぶり … 1切れ（80g）
A＜酒 … 小さじ1、塩 … 少々＞
たまねぎ … 1/4個（50g）
万能ねぎ … 1/2束（50g）
ごま油 … 小さじ1
たれ＜おろししょうが … 小さじ1/2、酒・めんつゆ（3倍濃縮）… 各大さじ1＞

■ 作り方

① ぶりの両面にAをふる。
② たまねぎは薄切りに、万能ねぎは5cm長さに切る。
③ フライパンに油を温めてぶりを入れ、中火で約2分焼く。焼き色がついたら裏返し、1分焼く。
④ ぶりを端に寄せ、キッチンペーパーでフライパンの油をふきとる。②を加え、さっといためる。
⑤ 火を止めて、あいたところにたれの材料を加えて混ぜ、中火で全体にからめる。

□ 余った“万能ねぎ”は薬味で使え、冷凍保存もできる→P.95

[魚の扱い] 切り身魚は、うま味が逃げるので洗わずに使う。汚れが気になるときは、キッチンペーパーでふきとる。さんまなど頭と尾がついている一尾魚は流水で洗ってから。お店で頭や内臓をとってもらったものは、血などをさっと洗い流してから。

028

家にある調味料で作れる **えびチリ**

■ 材料　281㎉
むきえび（大）… 80g
A＜塩・こしょう・酒 … 各少々、かたくり粉 … 大さじ½＞
青菜（こまつな、ほうれんそう、チンゲンサイなど）… 100g
たまねぎ … ¼個（50g）
B＜おろししょうが・おろしにんにく・豆板醤《トウバンジャン》 … 各小さじ½、トマトケチャップ・酒・水 … 各大さじ2＞
ごま油 … 小さじ3

■ 作り方
① えびはさっと洗って水気をふく。Aを順にふって混ぜる。
② 青菜は3㎝長さに切る。たまねぎは薄切りにする。Bは合わせる。
③ フライパンに油小さじ1を温め、青菜をさっといためて皿にとり出す（青菜から水気が出てくるようなら、水気をきる）。
④ フライパンに油小さじ2をたして強めの中火にかけ、たまねぎとえびを1分いためる。Bを加えて中火にし、1～2分混ぜながら煮て火を止める。青菜にのせる。

□ 余った“青菜”の活用法→P.87

［むきえび］ほとんどが冷凍品と、その解凍品なので、余っても再冷凍は避ける。冷凍品を早く解凍したいときは、ポリ袋で密封してボールに入れ、水を流しかけて解凍すると早い。

029

火にかけて、あとは手間なし **鮭のホイル蒸し**

POINT!

フライパンに水を入れて、蒸し焼きにする。フライパンの表面のコーティングがいたんでしまうので、水がなくならないように注意する。

■材料　283kcal

甘塩鮭 … 1切れ（80g）
　酒 … 小さじ1
たまねぎ … ¼個（50g）
えのきだけ … ½袋（50g）
グリーンアスパラガス … 2本（40g）
A＜みそ … 小さじ1、マヨネーズ … 大さじ1＞

■作り方

① たまねぎは縦に3～4つに切る。アスパラガスは3～4cm長さに切る。えのきだけは根元を切り落とす。
② アルミホイルを広げる（長さ30cm）。鮭をまん中に置き、酒をふる。Aを合わせ、鮭の表面全体に塗る。①をのせる。ゆとりをもたせてホイルで包み、水が入らないように口をしっかり閉じる。
③ フライパンに水100mℓ（材料外）をそそぎ、②を入れる。ふたをして強火にかける。沸とうしたら弱めの中火にして、7分ほど加熱する（途中で湯がなくなりそうなときは、たす）。

□余った“えのきだけ”の活用法→P.81

［ホイル包み］ホイルに包んで調理するので、においがほとんど出ず、せまいワンルームでもだいじょうぶな調理法。上のレシピではフライパンで蒸すが、オーブントースターまたはグリル中火で15～20分焼いてもOK。

030

ぽん酢に漬けるだけ **鮭の焼き南蛮**

■ 材料　292kcal
甘塩鮭 …1切れ（80g）
　かたくり粉 …小さじ1
たまねぎ … ¼個（50g）
にんじん …20g
ピーマン …1個（40g）
ごま油 …小さじ2
ぽん酢しょうゆ …大さじ1½
七味とうがらし …少々

■ 作り方
① たまねぎは薄切りに、にんじんは細切りにする。ピーマンは種をとって細切りにする。
② フライパンに油小さじ1を温め、野菜を中火でいためる。しんなりしたら火を止め、ボールに入れて、ぽん酢をかける。
③ 鮭の水気をふき、両面にかたくり粉をまぶす。フライパンに油小さじ1をたし、中火で鮭の両面を2分ずつ焼いて火を通す。
④ ②の野菜を寄せて、鮭をぽん酢にひたす。器に盛りつけて七味をふる。

□ 余った“ピーマン”の活用法→P.86

［甘塩鮭と生鮭］生鮭と甘塩鮭が売られているが、すぐに調理できる甘塩鮭が手軽。生鮭で作るときは、塩・こしょう各少々をふって10分ほどおく。生鮭はやわらかく、身がふっくらしていて、旬の秋～初冬に多く出回る。

031

フライパンで焼ける **さんまの塩焼き**

■材料　351kcal
さんま … 1尾(150g)
　塩 … 小さじ1/4
だいこん … 70g
きゅうり … 1/4本(25g)
　塩 … 少々
乾燥カットわかめ … 小さじ1
すし酢 … 大さじ1/2
(あれば*)クッキングシート … 約30cm

POINT!

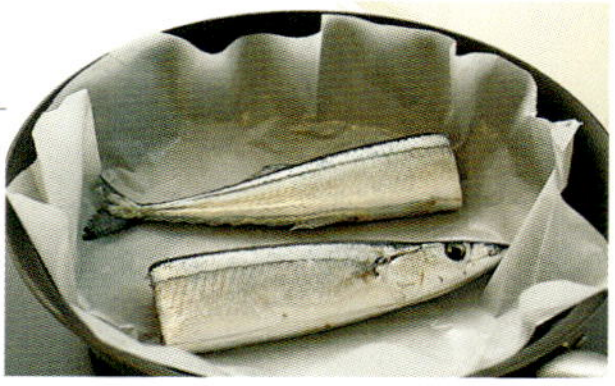

クッキングシートを敷いて焼くと、皮がくっつかずにきれいに焼け、あとかたづけもラク。シートが燃えないように、はみ出す部分は切る。*クッキングシートがないときは、油少々をひいて焼く。

■作り方
① さんまは流水でよく洗い、水気をふく。半分に切る(キッチンばさみでも切れる)。両面に塩小さじ1/4をふる。
② フライパンにクッキングシートを敷いて、さんまを入れる。強めの中火にかけ、4～5分焼く。焼き色がついたら裏返し、火を少し弱めて3～4分焼く。
③だいこんをすりおろし、そこに乾燥わかめを混ぜる。わかめがもどるまで少しおく。
④ きゅうりは小口切りにし、塩少々をふってもみ、しんなりしたら水気をしぼる。
⑤ ③の水気を軽くきり、きゅうりとすし酢を加えて混ぜる。

□余った“きゅうり”の活用法→P.82

[青魚]さんま、あじ、いわしなどの青魚は、体によい。血栓の予防効果があるEPA(IPA)やDHAなど、多価不飽和脂肪酸を多く含む。なかでもさんまは、比較的安価で、内臓つきのまま焼いて食べてもほろ苦くておいしいので、使いやすい。

032

包丁も火も使わずに **まぐろユッケ**

■材料　289kcal

まぐろ刺し身（切り落とし）… 100g
たれ＜しょうゆ … 大さじ1、ごま油 … 大さじ½、
　　砂糖・白すりごま … 各小さじ1、おろしにんにく … 小さじ⅙＞
卵黄 … 1個分
かいわれだいこん … 1パック（40g）
サンチュ（レタスでも）… 4枚

■作り方

① ボールにたれの材料を合わせ、まぐろを入れてあえる（途中で上下を返す）。
② かいわれは、キッチンばさみで根元を切り落とす。サンチュは半分にちぎる。器に盛る。
③ まぐろをたれごと盛り、まん中をくぼませて卵黄をのせる。まぐろに卵黄をからめ、野菜と一緒に食べる。

□余った“サンチュ（レタス）”の活用法→P.85

［余った卵白でスープ］①カップに＜乾燥カットわかめ小さじ1、スープの素・かたくり粉各小さじ1/2、塩・こしょう各少々、水150ml＞をよく混ぜ、ラップなしで電子レンジで約2分加熱。②ほぐした卵白を少しずつ混ぜ、さらに30秒加熱。

033

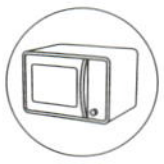

焼き肉だれで、味つけかんたん **とうふステーキ**

POINT!

とうふの水きりは電子レンジが早い。キッチンペーパーで包んで加熱すると、よりしっかり水気がきれる。

■材料　224kcal

もめんどうふ … 小1丁（150g）

　かたくり粉 … 大さじ½

しめじ … ½パック（50g）

にら … ½束（50g）

ごま油 … 大さじ½

焼き肉のたれ … 大さじ1

■作り方

① とうふは厚みを半分に切り、キッチンペーパーに並べて包み、皿にのせる。電子レンジで約1分加熱して、水気をきる。

② しめじは小房に分ける。にらは5cm長さに切る。

③ とうふの両面にかたくり粉をまぶす。フライパンに油を温め、とうふを強めの中火で焼く。

④ とうふに焼き色がついたら裏返す。フライパンのあいているところに野菜を加え、さっといためる。

⑤ 焼き肉のたれを回し入れ、全体にからめたら皿に盛りつける。

□ 余った“しめじ”の活用法→P.81

［余ったにらでにら玉汁］①カップに＜みそ大さじ1/2、水150mℓ＞を入れてよく溶かす。②卵を割り入れ、箸で卵黄をひと刺しする。にらをキッチンばさみで切って加える。③ラップなしで電子レンジで約2分加熱する。

034

POINT!

ゴーヤは縦半分に切って、わたと種をとり除いてから使う。スプーンを使うと、手軽。にが味をやわらげたい場合は、薄切りにしてから塩少々をふって5分ほどおき、水気をきって使う。

安・旨・人気 のいためもの **ゴーヤチャンプルー**

■ 材料　432㎉

ゴーヤ … ½本（100g）
もめんどうふ … 小1丁（150g）
ベーコン … 2枚（40g）
卵 … 1個
ごま油 … 大さじ½
A＜酒 … 大さじ1、塩 … 小さじ⅙、しょうゆ … 小さじ1＞
けずりかつお…適量

■ 作り方

① とうふは手で4～6つに割り、皿にのせる。ラップなしで、電子レンジで約1分加熱し、皿に出た水気をきる。
② ゴーヤは縦半分にし、薄切りにする。
③ ベーコンは2㎝幅に切る。卵はとく。Aは合わせておく。
④ フライパンに油を温め、ベーコンとゴーヤを強火でいためる。とうふを加えて軽くいため、Aを加えて混ぜる。
⑤ 卵を加えて手早く混ぜる。皿に盛り、けずりかつおをかける。

［余ったゴーヤでぽん酢がけ］①ゴーヤ適量は薄切りにしてさっとゆで、水気をきる。②器に盛り、けずりかつおをのせ、ぽん酢しょうゆをかける。

035

器ひとつで完成 とうふのツナなめこあん

POINT!

なめこの自然なとろみをいかす。器であんを調味し、とうふを入れて作るので手軽。

■材料　217kcal

とうふ … 小1丁（150g）
ツナ缶詰* … 小½缶（40g）
なめこ … 1袋（100g）
A＜しょうゆ … 小さじ2、水 … 大さじ2＞
B＜おろししょうが … 少々、万能ねぎ（小口切り）… 2本＞
*水煮タイプのときは、ごま油小さじ½を加えると、コクが出る。

■作り方

① 深めの器に、ツナ（缶汁ごと）となめこを入れ、Aを加えて混ぜる。とうふをスプーンで大きくすくって入れる。
② ラップをして、電子レンジで約2分加熱し、全体を温める。
③ Bをのせる。

□余った“とうふ”は冷奴で食べると手軽→P.76

［余ったツナ缶］1/2缶使った残りは、サラダやオムレツの具にするなどして、2～3日で使いきる。すぐに使わないときは、汁ごとポリ袋か容器に移して冷凍。保存のめやすは約3週間。

036

ボリュームあり **生揚げのピリ辛いため**

■材料　420kcal
生揚げ … 小1枚（150g）
豚こま切れ肉 … 40g
青菜（チンゲンサイ、こまつな）… 120g
ねぎ … ½本（50g）
ごま油 … 大さじ½
豆板醤《トウバンジャン》 … 小さじ¼
A＜スープの素 … 小さじ½、しょうゆ … 大さじ½、酒 … 大さじ1＞

■作り方
① 青菜は3〜4㎝長さに切る。ねぎは斜め薄切りにする。
② 生揚げは縦半分にして1㎝厚さに、肉は食べやすく切る。Aは合わせておく。
③ フライパンに油を温め、豆板醤と肉を入れて中火でいためる。肉の色が変わってきたら、生揚げ、青菜、ねぎを加え、いためる。Aを回し入れて大きく混ぜる。

□余った“青菜”の活用法→P.87

［生揚げ］とうふを揚げたもので、「厚揚げ」とも呼ばれる。油のうま味があるので、煮ものや鍋もののうま味出しに。水きり不要で、形くずれしにくいので、いためものにも便利。日もちは1〜2日なので、余った生揚げは、フライパンで両面を焼いてしょうがじょうゆで。

COLUMN 1

まとめ炊きで冷凍が便利

ごはんは、炊飯器保温よりも冷蔵よりも、冷凍保存がおいしい

炊飯器で炊く

■材料（4食分）
米…米用カップ2（300g）
水…400～430㎖
○1食 252㎉
（ごはん150g＝茶碗1膳分）

① 計量する
炊飯器の「米用カップ」で、すりきりにしてはかる。
★米用カップ1＝180㎖（cc）＝150ｇ＝1合
＊ふつうの計量カップ1＝200㎖（cc）

② 洗う（とぐ）
水をたっぷり加え、さっと混ぜてすぐに水を捨てる。手で軽く押すように、20回ほど手早くとぐ。水を2～3回かえてすすぎ、ざるにとって水気をきる。
＊ぬかが溶け出した最初の水はすぐに捨てる。
＊水がにごって見えても、2～3回かえればOK。

③ 炊く
米を内釜に入れ、目盛りに合わせて水を入れる。30分以上つけおいてから炊くと、ふっくら炊ける。炊きあがったら全体をさっくりと混ぜ、余分な水分をとばす。
＊最近の炊飯器は、すぐにスイッチを入れてもOKなものがほとんど。炊飯器の機能を確認しよう。

小分けして冷凍

炊きたてを1食分ずつラップで平らに包み、さめてから保存袋に入れて冷凍庫へ。2週間をめやすに食べきる。
＊平らにしないと、解凍するときに加熱ムラができる。

茶碗や弁当箱にラップを敷き、ごはんを入れてから平らに包むと、1食分がわかりやすい。

おにぎりにして冷凍するときは、ふんわりと平たく握って冷凍。解凍後に握り直す。

＊しっかり握って冷凍したおにぎりは、解凍したときにかたくなる。

レンジで解凍

皿にのせ、電子レンジで約2分30秒加熱して温める。
＊自然解凍したごはんは、食感がぼそぼそしておいしくない。

[ごはんの保存] 炊飯器の保温機能でごはんを長くおくと、黄色く変色したり、表面が乾燥したりすることがあり、そのうえ電気もムダ。炊飯器の保温は数時間にとどめる。ごはんは冷蔵すると味が落ちるので、すぐに食べないときは、冷凍保存がおすすめ。

土鍋で炊く

土鍋または厚手の鍋で。土鍋は保温性に優れふっくらおいしく炊ける

■材料（2食分）
米…米用カップ1（150g）
水…200㎖

ふたの穴から勢いよく出る蒸気が沸とうのサイン

■作り方
① 洗った米と分量の水を土鍋に入れ、30分以上つけておく。
② 弱めの中火にかける。沸とうしたら少し火を弱め、5分間沸とうを続ける。
③ ごく弱火にして、15分間蒸し煮にする。
④ 火を止めて、15分間むらす。

電子レンジで炊く

茶碗1膳分から炊けるので手軽。
少しかための炊きあがり

■材料（1食分）
米…米用カップ½（75g）
水…140㎖

蒸気が逃げるように、両端をあけてラップをする

■作り方
① 洗った米と分量の水を耐熱ボールに入れる。
② 両端をあけてラップをし、電子レンジで約4分加熱する。弱モード（150～200W）に切りかえて約14分加熱する。
③ とり出してしゃもじで混ぜ（熱い蒸気に注意）、再びラップをして10分むらす。

無洗米は水加減を多めに

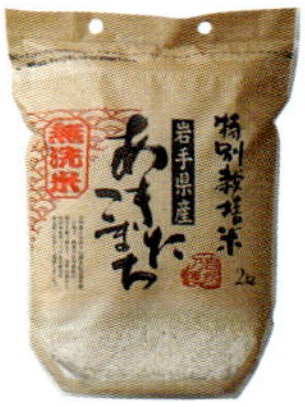

無洗米は、ぬかがとり除かれている分、カップに多く米が入り、洗わないのでその際の吸水もしないため、水を多めにする必要がある。
★米用カップ1につき、大さじ1～2ほど水を増やす。

＊無洗米用カップや、炊飯器の無洗米用目盛りなら、その水加減でOK。

あると便利なパックごはん

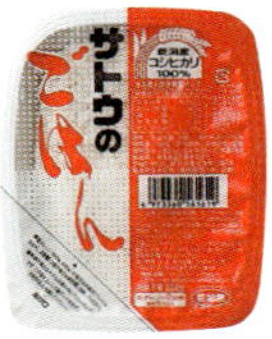

常温で約8か月保存可能で、パックのまま電子レンジ、もしくは湯せん加熱で食べられる。病気のときなどに備えて、いくつか常備しておくと安心。

［米の保存］袋のまま密閉容器に入れるか、清潔で乾燥した容器に移して、涼しい場所に。夏場は冷蔵保存したほうが、味が保てる。
米は表面のぬかに含まれる脂肪が酸化して味落ちしやすいので、1～2kgずつ少量を買うとよい。

めん・ごはんもの

おなか、すいた。早く食べたい。

パスタ、うどん、丼…
さっとすませたいときにも、ひとり分ならではのワザがある。

あとかたづけもラクで、なるほどかんたん！

037

フライパンひとつで作れる **ナポリタン**

■材料　610㎉
スパゲティ…80g
ウィンナーソーセージ…3本（50g）
なす…1個（70g）
たまねぎ…¼個（50g）
ピーマン…1個（40g）
A＜水…300㎖、オリーブ油…大さじ½、
　スープの素…小さじ½＞
B＜トマトケチャップ…大さじ2、中濃ソース…小さじ1＞

■作り方
① ソーセージは1㎝幅の斜め切りにする。なすは縦半分にして1㎝幅の斜め切りにする。たまねぎは薄切りに、ピーマンは細切りにする。
② フライパンにAを入れ、ふたをして強火にかける。沸とうしたら、スパゲティを半分に折って入れ、①も加える。ふたはしないで、再沸とうしたら中火にし、時々混ぜながら、表示時間をめやすにゆでる。
③ スパゲティがゆであがったら、火を強め、底に少し残るくらいまで汁気をとばす。
④ Bを加えて混ぜ、火を止める。

□余った“なす”の活用法→P.84　“ピーマン”→P.86

POINT!

少なめの湯で、スパゲティと具をゆでる。くっつかないように、時時混ぜるのがポイントで、ふたはしない。途中で湯がなくなりかけたら、50㎖ずつたす。

スパゲティがゆであがる1分前に1本食べてみる。ほんの少し芯が残るくらいになったら、火を強め、汁気をとばす。めやすは、フライパンの底に少し残るくらい。

［本格パスタ］本来スパゲティはたっぷりの湯でゆで、ゆであがりと同時に、別鍋で作っておく具やソースと合わせて仕上げる。上のナポリタンなら、フライパンで具をオリーブ油でいためて味つけしておき、ゆであがったパスタをあえる。

038

ゆで汁のとろみでクリーミー **牛乳のクリームパスタ**

■材料　684kcal
スパゲティ … 80g
とりこま切れ肉 … 80g
たまねぎ … ¼個（50g）
エリンギ … 1〜2本（50g）
グリーンアスパラガス … 2本（40g）
A＜水 … 250mℓ、牛乳 … 50mℓ、オリーブ油 … 大さじ½、塩 … 小さじ¼＞
B＜牛乳 … 100mℓ、塩・こしょう … 各少々＞
粉チーズ … 大さじ1

■作り方
① たまねぎは薄切りに、エリンギは長さを半分にして薄切りにする。アスパラガスはかたい根元を切り落とし、3㎝長さの斜め切りにする。
② フライパンにAを入れ、ふたをして強火にかける。沸とうしたら、スパゲティを半分に折って入れ、とり肉と野菜も加える。ふたはしないで、再沸とうしたら中火にし、時々混ぜながら、表示時間をめやすにゆでる。
③ スパゲティがゆであがったら、火を強め、底に少し残るくらいまで汁気をとばす。
④ Bを加え、混ぜながら30秒ほど煮て火を止める。器に盛りつけ、粉チーズをかける。

［牛乳の賞味期限］パックに記載されている賞味期限は、「未開封」の状態での期限。開封後は、なるべく早めに飲みきる。口をつけて飲んだりストローを入れたりした場合は、雑菌が入るので、すぐに飲みきるように。

039

冷凍品と缶詰を使って **魚介のトマトパスタ**

■ 材料　489kcal
スパゲティ … 80g
冷凍シーフードミックス … 80g
たまねぎ … ¼個（50g）
ブロッコリー … 50g
A＜水 … 300ml、オリーブ油 … 大さじ½、塩 … 小さじ⅛＞
B＜トマト水煮缶詰 … ½缶（200g）、スープの素 … 小さじ½、こしょう … 少々＞

■ 作り方
① たまねぎは薄切りに、ブロッコリーは小房に分ける。
② フライパンにAを入れ、ふたをして強火にかける。沸とうしたら、スパゲティを半分に折って入れ、①とシーフードミックス（凍ったまま）も加える。ふたはしないで、再沸とうしたら中火にし、時々混ぜながら、表示時間をめやすにゆでる。
③ スパゲティがゆであがったら、火を強め、底に少し残るくらいまで汁気をとばす。
④ Bを加え、トマトの実をざっとつぶしながら全体を混ぜ、ひと煮立ちしたら火を止める。

□ 余った“トマト水煮缶詰”は冷凍可→P.17

［市販パスタソース］コンロがひと口しかないときは、ソースは容器に移して電子レンジで加熱するのが便利。パスタをゆでるときに、ブロッコリーやキャベツなどの野菜を一緒にゆでると、栄養バランスがよくなる。

040

味つけかんたん **きのこの和風パスタ**

■材料　572kcal
スパゲティ … 80g
ベーコン … 2枚（40g）
しめじ … 1パック（100g）
みず菜 … 50g
A＜水 … 300mℓ、ごま油 … 大さじ½、めんつゆ（3倍濃縮）… 大さじ1＞
しょうゆ … 小さじ1
七味とうがらし … 少々

■作り方
① ベーコンは1.5cm幅に切る。しめじは小房に分け、みず菜は5cm長さに切る。
② フライパンにAを入れ、ふたをして強火にかける。沸とうしたら、スパゲティを半分に折って入れ、ベーコンとしめじも加える。ふたはしないで、再沸とうしたら中火にし、時々混ぜながら、表示時間をめやすにゆでる。
③ スパゲティがゆであがったら、火を強め、底に少し残るくらいまで汁気をとばす。
④ しょうゆを加えて火を止め、みず菜を混ぜる。器に盛りつけ、七味をふる。

□ 余った“みず菜”の活用法→P.87

［パスタの開封］袋の横を切って開けると、その部分を折って密封できるので、しまいやすい。

041

フライパンひとつの連続ワザで **梅しそパスタ**

■ 材料　422kcal
スパゲティ … 80g
A＜水 … カップ4、塩 … 小さじ1＞
キャベツ … 1～2枚（100g）
しその葉 … 5枚
ちりめんじゃこ* … 大さじ2（10g）
オリーブ油 … 大さじ½
しょうゆ … 小さじ½
練り梅 … 小さじ1
*いわしの稚魚を塩ゆでして干したもの。軽く干したものがしらす干しで、どちらを使っても。

■ 作り方
① キャベツはひと口大に手でちぎる。しその葉は細く切る。
② フライパンにAの水をわかす。沸とうしたら塩を加え、スパゲティを半分に折ってゆでる。表示のゆで時間の2分前に、キャベツを加える。
③ ゆであがったら、ゆで汁をカップでひとすくいしてとりおき、フライパンの中身をざるにあける。
④ あいたフライパンに油を温めて、じゃこをいため、カリッとしたら火を止める。③のゆで汁大さじ2、スパゲティ、キャベツを加えてあえる。しょうゆを加え、ひと混ぜする。
⑤ 皿に盛りつけ、しその葉と練り梅をのせる。

［しその葉の保存］口の広い、高さのあるびんに立てて入れ、茎がひたる程度の水を入れてふたをする（葉の部分に水がつくと黒くなるので注意）。ぬれたティッシュで茎を包んで保存してもよい。

POINT!

スパゲティは少し深めの器に盛りつける。ここにジュースをかけ、具をのせるだけ。

包丁いらず、トマトジュースで **冷製スープパスタ**

■材料　526㎉
スパゲティ（細め）… 80g
A＜水 … カップ4、塩 … 小さじ1＞
ベビーリーフ … ½袋（15g）
生ハム … 30g
クリームチーズ … 小1個（約20g）
トマトジュース（有塩・冷やしておく）… 100㎖
塩・こしょう … 各少々
オリーブ油 … 大さじ½

■作り方
① 鍋にAの水をわかす。沸とうしたら塩を加え、スパゲティを半分に折って入れる。表示のゆで時間より1分長くゆでる。
② ゆであがったスパゲティはざるにとり、冷たい水で洗う。水気をよくきり、器に盛る。
③ トマトジュースをかけ、塩、こしょうをふって軽く混ぜる。ベビーリーフ、生ハムをのせ、クリームチーズをちぎってのせる。最後にオリーブ油をかけ、混ぜて食べる。

［ゆで汁］めん類や野菜のゆで汁は、流しに捨てるのではなく、洗いものに利用しよう。汚れた鍋や食器などに熱いうちにそそぐと、溶けこんでいる小麦粉のでんぷんやたんぱく質の作用で、油汚れが落ちやすい。

043

or

もずくの味も利用して **サラダうどん**

■材料　565kcal
冷凍うどん … 1玉（200g）
もずく（味つき）… 1カップ（70g）
ツナ缶詰 … 小1缶（80g）
　マヨネーズ … 大さじ1
温泉卵（市販）* … 1個
スプラウト … ½パック（10g）
ミニトマト … 2個
A＜めんつゆ（3倍濃縮）… 大さじ½、水 … 大さじ1＞
*作り方は下段に。

■作り方
① うどんは表示に従って温める（鍋もしくは電子レンジで）。冷たい水でさっと洗い、水気をよくきる。
② スプラウトは根元を切り落とす。トマトは4つに切る。ツナは缶汁を除き、マヨネーズをあえる。
③ 器にAともずくを汁ごと合わせ、うどんを入れてあえる。②と温泉卵をのせる。

[温泉卵] ①小さめの器に卵を割り入れ、箸で卵黄をひと刺しする。水大さじ1を加える。②ラップをして、電子レンジで約40秒加熱する（あとはようすを見ながら10秒ずつたす）。③めんつゆ小さじ1を加え、つゆごと食べる。

044

野菜たっぷり、食欲そそる **カレーうどん**

■ 材料　470kcal

冷凍うどん … 1玉（200g）
油揚げ … 1枚（25g）
ねぎ … ½本（50g）
にんじん … 30g
きのこ（まいたけ、しめじなど）… ½パック（50g）
ごま油 … 小さじ1
A<水…300㎖、めんつゆ（3倍濃縮）… 大さじ2>
カレールウ … ½皿分
B<かたくり粉 … 小さじ1、水 … 小さじ2>
（好みで）七味とうがらし … 少々

■ 作り方

① ねぎは薬味用に少量を小口切りにしてとりおき、残りは斜め切りにする。にんじんは薄い半月切りにする。きのこは小房に分け、油揚げはひと口大に切る。
② 鍋に油を温め、①を強火で1分ほどいためる。
③ Aを加え、沸とうしたら、凍ったままのうどんを加える。うどんがほぐれてきたら、中火にし、カレールウを加えて溶かす。時々混ぜながら、3〜4分煮る。
④ Bを合わせ、③に加えてひと煮立ちさせ、とろみをつける。器に盛りつけて、薬味用のねぎをのせ、七味をふる。

□ 余った“きのこ”の活用法→P.81

［ゆでうどん］この本では保存がきく冷凍うどんを使用しているが、ゆでうどんでも同様に作れる。ゆでうどんはやわらかめなので、煮すぎないように注意。あまり日もちはしないので早めに使う。

045

ひと鍋で満足 煮こみうどん

■材料　456kcal
冷凍うどん … 1玉（200g）
とりこま切れ肉 … 50g
卵 … 1個
ねぎ … ½本（50g）
にんじん … 30g
青菜（こまつな、ほうれんそうなど）… 50g
A＜めんつゆ（3倍濃縮）… 大さじ2½、水 … 150mℓ＞

■作り方
① うどんは表示に従って温める（鍋もしくは電子レンジで）。
② ねぎは3cm長さの斜め切りに、にんじんは3～4mm厚さに切る。青菜は3cm長さに切る。
③ 土鍋にAとうどんを入れ、肉、ねぎ、にんじんをのせる。ふたをして中火にかける。沸とうしたら火を弱め、3～4分煮る。
④ 青菜を加え、卵を割り入れて、ふたをする。卵が半熟になったら火を止める。

□余った“青菜”の活用法→P.87

[土鍋]保温力があって鍋ものなどに向く。そのまま食卓に運んで食べられるので、食器も兼ねられて便利。土鍋は急な温度変化で割れやすいので、外側の水気をよくふいてから火にかけ、はじめから強火にしない。洗ったあとは、よく乾かしてからしまう。

046

ストックの乾めんで作れる **そうらーめん**

POINT!

中華めんではなく、保存がきいて便利なそうめんで作るミニラーメン。スープにめんを加えてゆでて、そうめん自体の塩気を味つけに利用。めんを増やすと塩からくなってしまうので注意。

■材料　350kcal

そうめん … 小1束（50g）
豚こま切れ肉 … 30g
ねぎ … ½本（50g）
しいたけ … 3個
もやし … 50g
おろしにんにく … 小さじ¼
みそ … 小さじ1
ごま油 … 大さじ½
水 … 400mℓ
こしょう … 少々

■作り方

① ねぎは薬味用に少量を小口切りにしてとりおき、残りは斜め薄切りにする。しいたけは薄切りにする。肉は食べやすく切る。
② 鍋に油を中火で温め、肉と①、もやし、にんにく、みそを加えて軽くいためる。分量の水を加える。
③ 沸とうしたら、そうめんを入れ、2分ほど煮る。器によそい、薬味用のねぎをのせ、こしょうをふる。

□余った“しいたけ”の活用法→P.81

［そうめんのゆで方］①たっぷりの湯をわかす（1人前2束100gに対し1ℓがめやす）。②沸とうしたらそうめんを加え、表示時間に従ってゆでる。ふきこぼれないよう、火加減に注意。③ざるにとり、流水でしっかりもみ洗いをしてぬめりをとる。

047

レンジでとろとろ **チー玉丼**

POINT!

レンジ加熱した野菜と煮汁に、チーズ入り卵液を加えて、再びチン！ 鍋いらずで手軽。

■材料　432kcal
温かいごはん … 1人分（約150g）
卵 … 1個
スライスチーズ … 1枚
たまねぎ … ¼個（50g）
しいたけ … 2個（30g）
A＜めんつゆ（3倍濃縮）… 大さじ1、水 … 大さじ3＞
スプラウト … 1パック（20g）
のり … 少々

■作り方
① たまねぎ、しいたけは薄切りにする。Aとともに器に入れ、ラップをして電子レンジで約2分加熱する。
② その間に、別の器に卵をとき、チーズをちぎって加える。
③ 丼にごはんを盛りつけ、スプラウトの根元を切り落としてのせる。
④ ①に②の卵液を加えてざっと混ぜる。再びラップをして40〜50秒加熱する（卵の表面がほぼ固まるくらい）。
⑤ とり出して、③にのせる。のりをちぎってのせる。

□余った"しいたけ"の活用法→P.81

［卵丼アレンジ］上のレシピは具をいろいろかえて楽しめる。チーズのかわりにとり肉を入れると親子丼、豚肉を入れると他人丼、油揚げを入れるときつね丼。ちくわやかまぼこを入れてもおいしい。とり肉や豚肉で作るときは、小さく切って①に入れて加熱する。

048

シーフードミックスで手軽に **中華丼**

■材料　423kcal
温かいごはん … 1人分（約150g）
冷凍シーフードミックス … 80g
はくさい … 1〜2枚（100g）（またはチンゲンサイ1株）
ねぎ … ½本（50g）
にんじん … 20g
A＜水 … 50mℓ、酒 … 大さじ1、しょうゆ … 大さじ½、
　スープの素・かたくり粉 … 各小さじ1、おろししょうが … 小さじ½、こしょう … 少々＞
ごま油 … 大さじ½

■作り方
① はくさいは1.5cm幅に切る。ねぎは斜め薄切りに、にんじんは薄い半月切りにする。Aは合わせておく。
② フライパンに油を温め、①とシーフード（凍ったまま）を入れて、強めの中火でいためる。
③ 野菜がしんなりしたら、少し火を弱め、Aをよく混ぜてから加える。全体を大きく混ぜ、とろみがついたら火を止める。
④ 丼にごはんを盛りつけ、③をのせる。

［あんかけ焼きそば］上のごはんを焼きそばにかえると、あんかけ焼きそばに。フライパンに中華蒸しめんを入れて、水大さじ1をふりかけ、ふたをして中火で約1分蒸し焼きにする。ふたをとり、フライ返しで押さえながら、両面を軽く焼いて盛りつける。

049

包丁いらず、火もいらない **いか納豆丼**

■材料　403kcal
温かいごはん … 1人分（約150g）
いかそうめん … 50g
納豆* … 1パック（50g）
めかぶ（味つき）… 1パック（50g）
しその葉 … 2枚
（好みで）練りわさび … 少々
*ひきわりがおすすめ。

■作り方
① 納豆は、ついているたれを混ぜる（からしは不要）。しそは細かくちぎる。
② 丼にごはんを盛りつけ、めかぶを汁ごとのせる。納豆、いか、しそをのせ、わさびを添える。

□余った“しその葉”の保存法→P.52　“納豆のからし”の活用法→P.84

［いかそうめん］生のいかをめんのように細く切ったもの。そうめんのように、しょうゆやつゆなどにつけて食べる。スルメイカやアオリイカなどを細く切ったものが、刺し身で売られている。

050

火を使わずに作れる **鮭の混ぜずし**

POINT!

いり卵は電子レンジで作ると手軽。カップなど、口径の小さい器でとき卵を加熱し、器の縁に卵を押しつけるようにしてほぐす。

■材料　423kcal

温かいごはん … 150g
鮭フレーク … 大さじ3（20g）
卵 … 1個
きゅうり … ½本（50g）
　すし酢 … 小さじ1
しその葉 … 2～3枚
すし酢 … 小さじ2
白すりごま … 大さじ½

■作り方

① きゅうりは小口切りにし、すし酢小さじ1をふって5分ほどおき、水気をしぼる。しそは細く切る。
② 小さな器に卵をとき、ラップをして電子レンジで約50秒加熱する。フォークで細かくほぐす。
③ ボールにごはんを入れ、すし酢小さじ2、ごま、鮭フレーク、きゅうりを加え、さっくりと混ぜる。
④ 器に盛りつけ、卵、しそをのせる。

□余った“きゅうり”の活用法→P.82

［鮭フレークの保存］記載されている賞味期限は、「未開封」の状態での期限。開封後は、なるべく早めに食べきる。使いきれないときは、冷凍保存が安心。1食分ずつラップに包み、自然解凍もしくは電子レンジ解凍で使う。保存期間のめやすは約3週間。

051

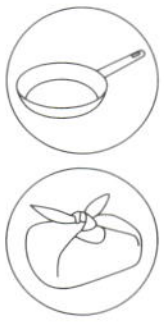

野菜と食べる **ステーキライス**

■材料　681kcal
温かいごはん … 1人分(約150g)
牛ステーキ肉 … 100g
　塩・こしょう … 各少々
A＜にんにく … 小1かけ(5g)、バター … 10g＞
B＜しょうゆ … 小さじ1、酒(または白ワイン) … 大さじ1＞
ベビーリーフ … 小1袋(30g)

■作り方
① 肉に塩、こしょうをふる。にんにくは薄切りにする。
② フライパンにAを入れて温め、肉を入れる。強めの中火で30秒〜1分焼いて、裏返す。裏も同じくらい焼く。Bを加えて手早くからめ、火を止める。
③ まな板に肉をとり出し、ひと口大に切る。
④ 器にごはんを盛りつけて、肉をのせ、ベビーリーフを添える。フライパンに残ったたれをかける。

[牛肉の部位]ステーキで食べるとおいしいのは、リブロース(肩側)とサーロイン(腰側)。きめが細かく上質な肉で、「霜降り」になりやすい部分。脂肪少なめがよければ、ランプやヒレ肉がおすすめ。冷蔵の肉は焼く前に出して室温にもどしておくと、おいしく焼ける。

052

POINT!

卵をごはん粒全体にまぶし、ほぐしながらいためると、パラパラに仕上がる。ごはんと卵を混ぜたら、ふやけないうちにすぐにいためるのがコツ。

家にある材料で作る **レタスチャーハン**

■ 材料　422kcal
温かいごはん … 150g
卵 … 1個
　塩・こしょう … 各少々
レタス … 2～3枚（100g）
ねぎ … 5cm
けずりかつお … 1パック（3g）
ごま油 … 大さじ½
A＜しょうゆ … 大さじ½、酒 … 小さじ1＞

■ 作り方
① レタスはひと口大にちぎる。ねぎはみじん切りにする。Aは合わせる。
② 大きめのボールに卵をとき、塩、こしょうをふる。ごはんを混ぜる。
③ フライパンに油を温めて②を入れ、強めの中火で、ごはんをほぐしながらいためる。パラパラになったら、ねぎとけずりかつおを加えて混ぜる。レタスを加え、全体を大きく混ぜる。
④ フライパンの縁のほうからAを回し入れ、ひと混ぜして火を止める。

□ 余った"レタス"の活用法→P.85

［チャーハンの具］上のレシピで、うま味出しの材料はけずりかつお。ほかに、肉やベーコン、ハム、ちりめんじゃこ、さくらえび、ちくわなどでも。野菜を増やしたり、P.59の中華あんをかけて、あんかけチャーハンもおいしい。

053

1食分ならレンジがかんたん **カレーライス**

POINT!

③でルウと水を加えたあとは、吹きこぼれないように、ラップの両端をあける。

■ 材料　585㎉
温かいごはん … 1人分（約150g）
豚こま切れ肉 … 50g
たまねぎ … ¼個（50g）
にんじん … 30g
冷凍さやいんげん … 3本（10g）
バター … 10g
カレールウ … 1皿分
水 … 100㎖
（あれば）パセリ（みじん切り）… 少々

■ 作り方
① たまねぎは横に1㎝幅に切る。にんじんは5㎜厚さの輪切りか半月切りにする。肉は大きければ食べやすく切る。
② ①を器に入れてバターをのせ、ラップをして電子レンジで約2分加熱する。
③ カレールウを4つに切る。②にルウと分量の水を加える。すき間をあけてラップをし、約2分加熱する。
④ よく混ぜてルウを溶かし、いんげんを半分に折って加える。ラップなしで、さらに約1分加熱する。
⑤ 器にごはんを盛りつけ、カレーをかける。ごはんにパセリを散らす。

［カレーの作りおき］カレーは鍋で多めに作ってもよい。冷凍するときは、じゃがいも、にんじんはそのままだと食感が変わってしまうので、つぶして冷凍する。ルウにとろみがついておいしい。

054

レンジ併用で時短 **オムライス**

POINT!

卵は、底の広い浅めの器で作ると、きれいな形になる。ライスを作ったあとのフライパンを洗って、薄焼き卵を作って包んでもOK。

■ 材料　623kcal
温かいごはん … 150g
ウィンナーソーセージ … 2本（30g）
たまねぎ … ¼個（50g）
ピーマン … 1個（40g）
冷凍コーン … 大さじ3
オリーブ油 … 大さじ ½
A＜塩・こしょう … 各少々、トマトケチャップ … 大さじ2＞
卵 … 1個
B＜牛乳・マヨネーズ … 各小さじ1＞

■ 作り方
① たまねぎ、ピーマンは5㎜角に切る。ソーセージは輪切りにする。
② フライパンに油を温め、①とコーンをいためる。野菜がしんなりしたら、Aを加えて軽く混ぜる。
③ ごはんを加えて、ほぐしながらいためる。全体が混ざったら火を止め、皿に盛る。
④ 浅めの器に卵をとき、Bを入れて混ぜる。ラップなしで電子レンジで約40秒加熱する。少し固まってきたところで軽く混ぜ、さらに20〜30秒加熱し、とろとろの半熟状に仕上げる。③にのせ、ケチャップ（材料外）をかける。

□ 余った“ピーマン”の活用法→P.86

［卵の保存］売っている卵ケースのまま冷蔵するとよい。卵は洗う必要はなく、ぬらすと雑菌が繁殖しやすくなるので、ぬらしてしまったらすぐに使う。割ったあとの卵はいたみやすいので、その日のうちに加熱して使いきる。

055

胃にやさしい 豆乳リゾット

■材料　285kcal
温かいごはん … 100g
たまねぎ … 30g
枝豆（冷凍）… 50g
ミニトマト … 2個
豆乳* … 100mℓ
A＜みそ … 小さじ½、水 … 大さじ3＞
B＜粉チーズ … 小さじ1、こしょう … 少々＞
*調整、無調整タイプのどちらでも。

■作り方
① たまねぎは横に薄切りにする。枝豆は水をかけて半解凍し、豆をとり出す。トマトは半分に切る。
② 鍋にAを入れ、みそを溶かす。たまねぎを加え、ふたをして中火で1～2分煮る。
③ 豆乳、ごはん、枝豆を加え、ふたなしで2分ほど煮る。
④ 器に盛りつけ、トマトをのせ、Bをふる。

［病気のときの食事］いざというときのために、冷凍ごはんやレトルトのおかゆ、冷凍うどんがあると心強い。ぞうすいは、めんつゆでうすめに味つけした汁にごはんを入れて煮て、とき卵を加える。ねぎや青菜を加えると栄養アップ。

056

タコスミートはレンジで3分 タコライス

■材料　535kcal
温かいごはん … 1人分（150g）
合びき肉 … 70g
たまねぎ … 30g
A＜トマトケチャップ … 大さじ2、おろしにんにく … 小さじ¼、
しょうゆ … 小さじ½、豆《トウ》板醤《バンジャン》 … 小さじ¼＞
レタス … 1枚（40g）
トマト … ⅓個（50g）（またはミニトマト4個）
スライスチーズ … 1枚

■作り方
① たまねぎはあらみじん切りにする。
② 小ぶりの器に肉、たまねぎ、Aを入れて混ぜる。ラップなしで電子レンジで約3分加熱し、よく混ぜる（⇒タコスミート）。
③ レタスは細切りに、トマトは1cm角に切る。
④ 器にごはんを盛りつける。レタス、タコスミート、チーズ（ちぎる）、トマトをのせる。混ぜながら食べる。

□余った“レタス”の活用法→P.85

POINT!

レンジ加熱後よく混ぜれば、まわりに出た肉汁が肉にもどってジューシーに、ムラなく仕上がる。

［タコライス］メキシコ料理のタコスをアレンジしたもの。本来は、トルティーヤ（とうもろこしの生地を薄くのばして焼いたもの）に具を包んで食べるが、沖縄でトルティーヤのかわりにごはんを用いたタコライスが考案された。

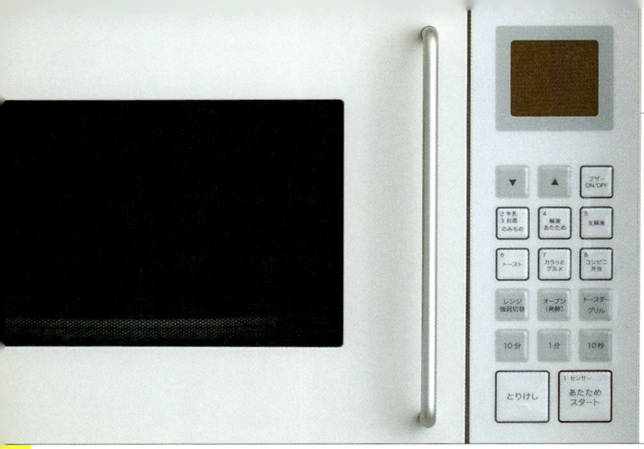

COLUMN 2

電子レンジ調理の基本

温めだけではなく、

ゆでる、焼くなどもできる万能調理器具。

失敗なしでうまく使うには、コツがある

電子レンジは、マイクロ波という電波が食品中の水分を振動させ、そこで生じる摩擦熱によって食品を熱する。

電子レンジにかける前に…

食品の置き方

食品の大きさや厚みを均一にし、重ねずに広げる。

ラップをする？　しない？

ラップをする→食品の水分を逃したくない、しっとり仕上げたい…煮もの、ゆでもの、蒸しもの

＊ラップはふんわりとかける。

ラップなし→食品の水分を逃したい、表面をカラリとさせたい…揚げもの、焼きもの

＊飲みものや汁ものは、短時間加熱なら不要。

使える器・使えない器

使える器

日常使いの陶磁器、耐熱容器、レンジ対応のプラスチック容器

＊5分以上の加熱や、油脂や糖分が多いときなど、高熱になる場合は耐熱容器を使うほうが安心。
＊プラスチック容器はふたをずらして加熱、または、ふたに空気穴がついている商品もある。

使えない器

金銀の模様入りの陶磁器、非耐熱性のガラス器やプラスチック容器、金属製器（スプーンなども）、木製器、漆器

卵は要注意

卵は殻や膜で密閉されているので、そのまま加熱すると、破裂して中身がとび散って危険。

温泉卵（P.54）を作るときは、黄身に箸で穴をあけ、かぶるくらいの水（大さじ1）を加える。まずは40秒加熱し、あとはようすを見ながら10秒ずつ加熱する。

温めるとき、目玉焼きは黄身に穴をあける。ゆで卵は半分に切る。加熱は10秒ずつ、ようすを見ながら。

＊ほかにも、ソーセージやたらこ、ミニトマトも破裂することがある。皮に切り目を入れると安心。

［複合タイプの電子レンジ］オーブン、トースター、グリル機能もついた1台2～4役の複合タイプが最近は多い。トースター使用時はレンジが使えないなどの欠点はあるが、置き場所をとらない利点も。

加熱時間

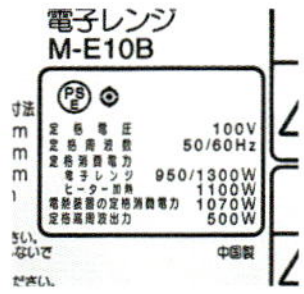

加熱時間は出力ワット数によって変わる

・レンジの本体表示や取扱説明書「仕様欄」の「定格高周波出力」を見て、ワット数を確認。
・ワット数が大きければ、加熱時間は短くてすむ。

■ワット数による加熱時間の変化

(出力W数)		(加熱時間)
500W	1分	1分
600W	1分×0.8倍	約50秒
700W	1分×0.7倍	約40秒
800W	1分×0.6倍	約35秒
1000W	1分×0.5倍	約30秒

※本書のレシピはすべて500Wの加熱時間。
自宅のレンジが600Wなら、0.8倍の加熱時間にする。

加熱時間は短めにセット

・電子レンジの機種や、食品の状態などによって、加熱時間は秒単位で微妙に変わる。
・電子レンジで加熱しすぎると、食品の水分がとんでパサついたり、かたくなったりする。やや短めの時間にセットして、ようすを見ながら少しずつ追加加熱。

食品の量が2倍、でも加熱時間は2倍よりひかえめに

量が2倍だからと加熱時間も2倍にすると、かけすぎてかたくなってしまうことがある。ひかえめ（1.7〜1.8倍）にして、ようすを見ながら加熱。

生もの解凍

＊冷凍してある食品は、とけ出る水分で、部分的に火が通って加熱ムラになりやすい。

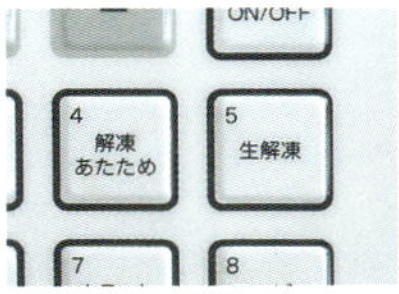

【例】薄切り肉100gは、解凍モードで約1分。中心がまだ凍っているが、包丁で切れるくらいの状態がめやす

「解凍」か「弱」のモード（150〜200W）で

「半解凍」の状態までにする

食品の中心がまだ凍っている状態（＝半解凍）まで解凍する。あとは自然解凍するか、弱火でじっくりと解凍しながら調理する。

おもな食品の温め方

ごはん（冷やごはん）

1膳（150g）で約1分
表面が乾燥しないように、ラップをして加熱。

飲みもの（牛乳、スープなど）

1杯（150㎖）で約2分
液体を加熱しすぎると、とり出すときに中身が突然飛び散ることがある（突沸《とっぷつ》）。加熱しすぎたときは、そのまま1〜2分おいてからとり出す。

揚げもの（から揚げなど）

1食分（約100g）で約1分
ラップなしで加熱。キッチンペーパーを敷くと、余分な油がとれて、よりカリッと仕上がる。

肉まん、しゅうまい

1食分（約150g）で約1分30秒
ぬらしたキッチンペーパーで包み、ラップをして加熱。ふっくら仕上がる。

［電子レンジのお手入れ］食品カスなどの汚れを放置しておくと、焦げたり燃えたりすることがあるので危険。こまめに、ぬれぶきんで汚れをふきとる。汚れがひどいときは、台所用中性洗剤を薄めて使い、その後ぬれぶきんでふきとる。その際は、電源プラグを抜いて作業すること。

すぐに作れるミニおかず

ちょっとなにか、食べたいな…

卵、納豆、残り野菜…
冷蔵庫にある材料で、ささっと１品。

５分で作れて、朝ごはん・おつまみにもＯＫ！

057

目玉焼きプレート

■材料　267kcal
卵 … 1個
ウィンナーソーセージ … 1本（15g）
キャベツ … 小1枚（50g）
パン … 小1個（50g）
オリーブ油 … 小さじ1
塩・こしょう … 各少々

■作り方
① キャベツはざく切りにする。ソーセージは縦半分に切る。
② フライパンに油を中火で温め、ソーセージを入れ、2切れの間に卵を割り入れる。あいたところでキャベツをいため、パンを入れて温める。

③ キャベツと卵に、塩、こしょうをふる。それぞれとり出して、皿に盛る。

058

フレンチトースト

■材料　399kcal
A＜卵 … 1個、牛乳 … 50㎖、砂糖 … 大さじ1＞
食パン（6枚切り）… 1枚
バター … 10g
（好みで）メープルシロップなど … 適量

■作り方
① ボールにAを合わせる。
② パンは4つに切る。①に2～3分ひたす（途中で裏返す）。
③ フライパンにバターを入れ、弱めの中火にかける。バターが半分くらい溶けたらパンを入れ、両面色よく焼く。好みでメープルシロップなどをかける。

［節約エコ知識①同時調理］目玉焼きを焼くときに、フライパンのあいているところで野菜をいため、パンも温めてしまえば一石三鳥。ほかにも、パスタをゆでるときに具の野菜も一緒にゆでたり、レトルトパックを温める湯で一緒に卵をゆでたりと、同時調理でかしこくエコ。

059

巣ごもり卵

■ 材料　173kcal

卵 … 1個
青菜* … 100g
ベーコン … $\frac{1}{2}$枚
バター … 5g
塩・こしょう … 各少々
*ほうれんそう、こまつな、チンゲンサイなど

■ 作り方

① 青菜は4～5cm長さに、ベーコンは1cm幅に切る。
② フライパンにバターを温め、①をいためる。塩、こしょうをふる。
③ 青菜がしんなりしたら、まん中にくぼみを作り、卵を割り入れる。水大さじ1（材料外）を入れ、弱火にしてふたをし、2分ほど蒸し煮にする。卵にも塩、こしょうをふる。

060

エッグ・トースト

■ 材料　483kcal

卵 … 1個（室温にもどしておく）
食パン（6枚切り）… 1枚
マヨネーズ … 適量
塩・こしょう … 各少々
ミニトマト … 2個

■ 作り方

① アルミホイルに食パンをのせる。パンの耳にそってマヨネーズをしぼり出し、囲みを作る。その中に卵を割り入れる。
② オーブントースターで3～4分、卵が半熟になるまで焼く。塩、こしょうをふる。
③ 皿に盛り、ミニトマトを添える。

［エコ②余熱を利用］オーブントースターでパンを焼いている間、トースターの上に皿をのせておく。皿が温まってパンがさめにくくなり、よりおいしく食べられる。加熱のしすぎに注意。

061

トマト・スクランブルエッグ

■材料　186kcal

卵 … 1個
A＜牛乳 … 大さじ1、塩・こしょう … 各少々＞
トマト* … 1個（150g）
バター … 10g
*ミニトマト5～6個でも

■作り方

① 卵をといてAを混ぜる。
② トマトは横半分にして、スプーンで種をざっととり、ざく切りにする。
③ フライパンにバターを溶かし、トマトを軽くいためる。①を加え、大きく混ぜながら軽くいためる。

062

和風いり卵

■材料　83kcal

卵 … 1個
乾燥カットわかめ … 小さじ1
万能ねぎ（小口切り）… 2～3本
A＜めんつゆ（3倍濃縮）… 小さじ½、
　水 … 大さじ1＞

■作り方

① 器にAとわかめを入れ、1分ほどおく。卵を加えて混ぜる。
② フライパンに流し入れ、中火にかける。卵が固まってきたら、全体を大きく混ぜ、半熟で器に盛る。ねぎを散らす。
＊フライパンに卵がつくようなら、ごま油少々をひく。

［エコ③余熱調理で作るゆで卵］卵は冷蔵庫から出して10分ほどおき、室温にもどす。鍋に卵とかぶるくらいの水を入れ、ふたをして中火にかける。沸とう後、約3分で火を止める。そのまま10分おくと、ほぼ固まる。

063

とん平焼き風卵

■材料　145kcal
卵 … 1個
もやし … 1/4袋（50g）
ごま油 … 小さじ1
塩・こしょう … 各少々
（好みで）ソース・マヨネーズ・トマトケチャップ
　など… 適量

■作り方
① フライパンに油を温め、もやしを軽くいためる。塩、こしょうをふる。
② もやしを平らにし、その上に卵を割り落とし、フライ返しで卵を少しくずす。裏返して少し焼き、皿にとる。
③ ソースなどをかける。

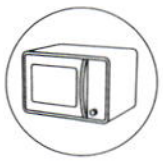

064

とろとろ半熟卵のせサラダ

■材料　84kcal
卵 … 1個（室温にもどしておく）
グリーンアスパラガス* … 2本
塩・こしょう … 各少々
*キャベツ、ブロッコリーでも

■作り方
① 鍋に卵とかぶるくらいの水を入れ、強火にかける。沸とうしたら火を弱め、2〜3分ゆでる。卵を冷水にとり、さます。
② アスパラはかたい根元を切り落とし、長さを半分に切る。皿にのせ、ラップをして電子レンジで約40秒加熱する。
③ 卵の殻をむき、アスパラにのせる。塩、こしょうをふり、卵をくずして食べる。

［エコ④保温調理で作るおかゆ］①米大さじ3と水300mlを土鍋など厚手の鍋に入れて、30分以上おく。②弱めの中火にかけ、沸とうしたらやや火を弱めて10分加熱する。③火を止め、鍋をひざ掛けや毛布などで包んで1時間保温する。

065

じゃこぽん冷奴

■材料　108kcal
とうふ … 小1丁（150g）
ちりめんじゃこ … 大さじ1
万能ねぎ（小口切り）… 1本
ぽん酢しょうゆ … 小さじ1

■作り方
とうふにじゃこ、ねぎをのせ、ぽん酢をかける。

066

トマト冷奴

■材料　132kcal
とうふ … 小1丁（150g）
ミニトマト … 3個
オリーブ油 … 小さじ1
塩・こしょう … 各少々

■作り方
ミニトマトを横に4つに切り、油と塩、こしょうであえる。
とうふにのせる。

067

ねぎ塩冷奴

■材料　124kcal
とうふ … 小1丁（150g）
たれ＜ねぎ（みじん切り）… 5cm、ごま油 … 小さじ1、
塩・こしょう … 各少々＞

■作り方
たれの材料を合わせ、とうふにかける。

［エコ⑤計量］計量スプーンで調味料類をはかるときは、砂糖や塩などの粉状のものからはかり、続いてしょうゆなどの液体をはかると、スプーンをいちいち洗わずにすむのでエコ。また、「大さじ1＝小さじ3」をおぼえておくと、使い回しがきく。

068

油揚げのカリカリ焼き

■材料　111kcal
油揚げ … 1枚
たまねぎ … 20g
けずりかつお … 少々
ぽん酢しょうゆ … 適量

■作り方
① 油揚げはフライパンで約3分、両面をカリッと焼く。食べやすく切って皿に盛る。
② たまねぎは薄切りにする。油揚げにのせ、ぽん酢をかける。

069

油揚げのピザ

■材料　171kcal
油揚げ … 1枚
たまねぎ … 20g
スライスチーズ … 1枚
トマトケチャップ … 適量

■作り方
① たまねぎは薄切りにする。油揚げ、チーズは4つの三角形に切る。
② アルミホイルに油揚げを並べ、たまねぎとチーズをのせる。オーブントースターで3〜4分、チーズが溶けるまで焼く。
③ ケチャップをかける。

［エコ⑥冷蔵庫］冷蔵室は詰めこみすぎると冷却効果が弱まり、冷凍室は詰めこんだほうが冷却効果が高まり節電になる。とはいっても、不要なものを長く保存するのはムダ。冷蔵庫の設定温度は夏場は「中」、冬場は「弱」程度にして節電しよう。

070

しそぽん納豆

■材料　103kcal
納豆 … 1パック（50g）
しその葉 … 1枚
ぽん酢しょうゆ … 小さじ1

■作り方
納豆にぽん酢を加え、ふわふわになるまでよく混ぜる。しそをちぎってのせる。

071

キムチ納豆

■材料　105kcal
納豆 … 1パック（50g）
はくさいキムチ … 10g

■作り方
納豆にキムチをのせ、よく混ぜる。

072

イタリアン納豆

■材料　121kcal
納豆 … 1パック（50g）
きゅうり（小さく切る）… 1/4本
A＜オリーブ油 … 小さじ½、塩・こしょう … 各少々＞

■作り方
納豆にきゅうりをのせ、Aをかける。よく混ぜる。

［エコ⑦洗いもの］調理が終わった鍋などは、水をはっておき、食べている間に汚れを浮かすとよい。食べ終わった食器もすぐ水につけるように。洗剤が少なくてすみ、水の節約になる。また、水の流しっぱなしには注意。5分間で約60ℓがムダに。

073

ちくわきんぴら

■材料　130kcal
ちくわ … 小2本（50g）
ごま油 … 小さじ1
A＜めんつゆ（3倍濃縮）… 小さじ1、
　白すりごま … 大さじ1＞
七味とうがらし … 少々

■作り方
① ちくわは、ひと口大にちぎる。
② フライパンに油を温め、ちくわを軽くいためる。Aを加え、ひと混ぜして火を止める。
③ 皿に盛り、七味をふる。

074

ちくわのチーズ焼き

■材料　123kcal
ちくわ … 小2本（50g）
スライスチーズ … 1枚
のり … 少々

■作り方
① ちくわは縦半分に切る。
② アルミホイルにちくわを並べ、チーズをのせる。のりはちぎってのせる。
③ オーブントースターで3〜4分、チーズが溶けるまで焼く。

［エコ⑧食器洗い］食べ終わった食器は重ねないようにする。また、汚れのひどいものは、汚れをふきとってから洗うと、エコ。皿の汚れとりには、ゴムべらや、ゴミになる野菜の切れ端、不用布も利用できる。不用布があったら小さく切ってキッチンに置いておくとよい。

075

マイカップみそ汁

■材料　43kcal
キャベツ、青菜など … 10〜20g
乾燥カットわかめ … 小さじ1
油揚げ … 少々
水 … 150mℓ
みそ … 大さじ½

■作り方
野菜、油揚げは小さく切る（キッチンばさみでOK）。カップに材料全部を入れ、ラップなしで電子レンジで約2分加熱する。よく混ぜて、みそを溶かす。

076

マイカップコンソメ

■材料　53kcal
きのこ（なんでも。食べやすく切る）… 20g
ミニトマト（半分に切る）… 2個
ハム（細切り）… 1枚
パセリ（ちぎる）… 少々
水 … 150mℓ
スープの素 … 小さじ½
こしょう … 少々

■作り方
カップに材料全部を入れ、ラップなしで電子レンジで約2分加熱する。よく混ぜる。

077

マイカップ中華スープ

■材料　28kcal
ねぎ（小口切り）… 5cm
もやし … 10〜20g
コーン … 大さじ1
水 … 150mℓ
スープの素 … 小さじ½
ごま油・しょうゆ・こしょう … 各少々

■作り方
カップに材料全部を入れ、ラップなしで電子レンジで約2分加熱する。よく混ぜる。

［エコ⑨ガス］やかんや鍋の底に水がついていると、それを蒸発させる分だけ余分な火力がいるので、水をふきとってから火にかける。また、鍋の底より炎がはみ出すとムダにガスを消費するので、鍋の大きさに合わせて火加減を調節しよう。

078

きのこのしょうが煮

■材料　16kcal
きのこ（なんでも）… 50g
A＜めんつゆ（3倍濃縮）… 小さじ1、
　水 … 大さじ2、おろししょうが … 小さじ$\frac{1}{2}$＞

■作り方
① きのこは食べやすく切る（しいたけなどは手でさく）。
② 鍋にAときのこを入れて軽く混ぜ、ふたをして中火にかける。きのこから水分が出てきたら、混ぜながら1〜2分煮る。

079

きのこのバターいため

■材料　49kcal
きのこ（なんでも）… 50g
バター … 5g
A＜しょうゆ・塩・こしょう … 各少々＞

■作り方
① きのこは食べやすく切る（しいたけなどは手でさく）。
② フライパンにバターときのこを入れ、中火にかける。軽くいため、水大さじ$\frac{1}{2}$（材料外）を加え、きのこがしんなりするまで1〜2分いためる。Aを加え、ひと混ぜして火を止める。

［エコ⑩湯をわかす］お茶用の湯をわかすときは、カップで水をはかってやかんや鍋に入れればムダがない。蒸発する分を考えて、少し多めに。湯わかし器の湯をわかせば、さらに省エネになる。やかんや鍋には必ずふたをして、効率よくわかそう。

080

きゅうりのもずく酢あえ

■材料　32kcal
きゅうり…½本（50g）
　塩…少々
もずく（味つき）…1パック（70g）
おろししょうが…少々

■作り方
① きゅうりは縦半分に切り、斜め薄切りにする。塩をふってよくもみ、しんなりしたら水気をしぼる。
② 器にきゅうりともずくを入れ、軽く混ぜる。しょうがをのせる。

081

きゅうりのスティックサラダ

■材料　100kcal
きゅうり…½本（50g）
A＜白すりごま…小さじ1、みそ…小さじ½、
　マヨネーズ…大さじ1＞

■作り方
① きゅうりは縦4つに切る。
② Aを合わせ、きゅうりに添える。

082

たたききゅうり梅風味

■材料　12kcal
きゅうり…½本（50g）
A＜練り梅…小さじ½、水…小さじ1＞
けずりかつお…少々

■作り方
① きゅうりはラップの芯などでたたき、ひと口大に割る。
② 器にAを合わせ、きゅうりとけずりかつおを加えて混ぜる。

［エコ⑪野菜の保存］野菜を冷蔵庫などに入れる向きは、その野菜の生育する向きに置くと、新鮮さをより長く保てる。たとえばアスパラガスは穂先を寝かせると、上に伸びようとムダなエネルギーを使って鮮度が落ちてしまうので、穂先を上にして保存。

083

もやしの甘酢あえ

■材料　33kcal
もやし … ½袋（100g）
乾燥カットわかめ … 大さじ1
すし酢 … 大さじ1

■作り方
① 器にわかめ、すし酢、もやしの順に入れる。
② ラップをして、電子レンジで約1分30秒加熱し、よく混ぜる。
*冷やすと、よりおいしい。

084

もやしのナムル

■材料　61kcal
もやし … ½袋（100g）
塩・こしょう … 各少々
A<おろしにんにく … 小さじ½、
白すりごま・ごま油 … 各小さじ1>

■作り方
① 器にもやしを入れ、塩、こしょうをふる。ラップをして電子レンジで約1分30秒加熱する。
② Aを加えてよく混ぜる。

［エコ⑫使いかけの野菜］ 使いかけの野菜を冷蔵庫にもどすと、奥にまぎれてしまいがち。使いかけ野菜専用のボックスを用意しておくとよい。ちょっとしたいためもの、スープやみそ汁を作るときに、さっととり出せて便利。

085

なすのレンジ蒸し

■材料　19kcal
なす … 1個（70g）
ぽん酢しょうゆ・おろししょうが・
万能ねぎ（小口切り）… 各少々

■作り方
① なすはへたを切り落とし、縦4つに切る。
② 器に、なすを並べる。ラップをして電子レンジで約2分加熱する。
③ しょうが、ねぎをのせ、ぽん酢をかける。

086

なすの酢みそあえ

■材料　34kcal
なす … 1個（70g）
　塩 … 小さじ¼
A＜みそ・すし酢 … 各小さじ1、練りがらし … 少々
　（納豆についているものでも）＞

■作り方
① なすはへたを切り落とし、縦半分に切って斜め薄切りにする。
② 塩をふってよくもみ、しんなりしたら水でさっと洗って水気をしぼる。
③ 器にAを合わせ、なすをあえる。

［エコ⑬買いもの］毎日家でごはんを食べるとは限らないひとり暮らしの場合、食品は「その日食べる分だけ買う」のが節約の第一歩。安いからと、ついで買いやまとめ買いをしても、結局はムダになりがち。買いすぎに注意しよう。

087

レタスのマスタードサラダ

■材料　137㎉

レタス … ½個（150g）
ハム … 2枚
A＜粒マスタード … 小さじ½、
　マヨネーズ・すし酢 … 各小さじ1＞

■作り方

① レタスはひと口大にちぎる。塩少々（材料外）をふってもみ、水気をしぼる。ハムもちぎる。
② 器にAを合わせ、①をあえる。

088

BLTスープ

■材料　82㎉

レタス … ⅓個（100g）
ミニトマト … 2個
ベーコン … ½枚
A＜水 … 200㎖、
　スープの素・オリーブ油 … 各小さじ½、
　塩・こしょう … 各少々＞

■作り方

① 鍋にAを入れ、中火にかける。
② レタスはひと口大にちぎり、ミニトマトは半分に切る。ベーコンは細切りにする。
③ ①が沸とうしたら②を加える。ひと煮立ちしたら火を止める。

［エコ⑭消費期限と賞味期限］消費期限はそれを過ぎたら食べないほうがよい。賞味期限はおいしく食べられる期限なので、過ぎたからといってすぐに食べられなくなるわけではない。なんでもかんでもゴミにせず、食べものは大切にしよう。

089

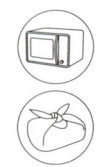

ピーマンののりあえ

■材料　27kcal
ピーマン … 1個（40g）
味付のり … 2～3枚
塩・ごま油 … 各少々

■作り方
① ピーマンは横に細切りにする。
② 器に入れ、塩、ごま油をかけてラップをし、電子レンジで約30秒加熱する。
③ のりをちぎって加え、あえる。

090

ピーマンのコーンマヨ焼き

■材料　51kcal
ピーマン … 1個（40g）
冷凍コーン … 大さじ2
マヨネーズ … 適量

■作り方
① ピーマンは縦半分に切り、種をとる。
② コーンは熱湯をかけて、水気をきる。ピーマンの中に入れ、マヨネーズをのせる。
③ オーブントースターで4～5分、焼き色がつくまで焼く。

［エコ⑮調味料］びん入りの調味料などをとり出すときは、清潔で水気のついていないスプーンを使って、雑菌が入らないように注意。マヨネーズやケチャップが少なくなってきたら、空気を入れて、口を下にして置いておけば、最後までムダなく使いきれる。

091

みず菜の煮びたし

■材料　30kcal
みず菜*…100g
A＜めんつゆ(3倍濃縮)…大さじ½、
　水…大さじ2＞
けずりかつお…少々
*こまつな、チンゲンサイでも

■作り方
① みず菜は3～4cm長さに切る。
② 鍋にAとみず菜を入れ、強火にかける。沸とうしたら強火のまま1分ほど煮る。しんなりしたらけずりかつおを加えて混ぜ、汁ごと器に盛る。

092

青菜のガーリックいため

■材料　52kcal
青菜*…100g
にんにく…小1片(5g)
ごま油…小さじ1
A＜塩・こしょう…各少々、
　酒(または水)…小さじ1＞
*チンゲンサイ、こまつな、ほうれんそうなど

■作り方
① 青菜は5～6cm長さに切る(チンゲンサイなら葉元は縦4つに切る)。にんにくは薄切りにする。
② フライパンに油とにんにくを入れ、弱めの中火にかける。香りが出てきたら、青菜のかたい部分、葉の順に入れ、強火でいためる。少ししんなりしたら、Aをふる。

[エコ⑯流しの生ごみ]使い終わった流しにはゴミを残さないクセをつけよう。排水口のかごもきれいにする。そのつどポリ袋にゴミを密閉し、ゴミ袋にまとめていくとよい(食材などが入っていたポリ袋も活用)。スポンジや洗いかごも雑菌がつきやすいので、まめに漂白しよう。

週に1度の野菜一掃食べきりレシピ

レンジで蒸し野菜

手軽に野菜を食べるには、電子レンジで蒸し野菜にするのがおすすめ。
残り野菜を食べやすく切って、まとめてチン！

093

蒸し野菜 和風だれ

■材料　64kcal
野菜 … 約150g
＜キャベツ … 100g、ねぎ … ⅓本（30g）、きのこ（なんでも）… 30g＞
たれ＜豆板醤《トウバンジャン》… 小さじ¼、ぽん酢しょうゆ … 大さじ1、ごま油 … 少々、万能ねぎ（小口切り）… 少々＞

■作り方
① 野菜を洗い、食べやすい大きさに切る。
② 水気のついたまま皿に広げ、ラップをして電子レンジで約2分加熱する。ラップをしたまま2分ほどおいてむらす。
③ たれの材料を合わせ、かけて食べる。

おすすめ野菜

094

蒸し野菜 オーロラソース

■材料　201kcal
野菜 … 約150g
＜じゃがいも … 小½個（50g）、ブロッコリー … 60g、にんじん … 40g＞
ソース＜おろしにんにく … 小さじ¼、マヨネーズ … 大さじ1½、トマトケチャップ … 大さじ½、塩 … 少々＞

■作り方
① 野菜を洗い、食べやすい大きさに切る。
② 水気のついたまま皿に広げ、ラップをして電子レンジで約3分加熱する。ラップをしたまま2分ほどおいてむらす。
③ ソースの材料を合わせ、つけて食べる。

おすすめ野菜

野菜もチンで食べられる

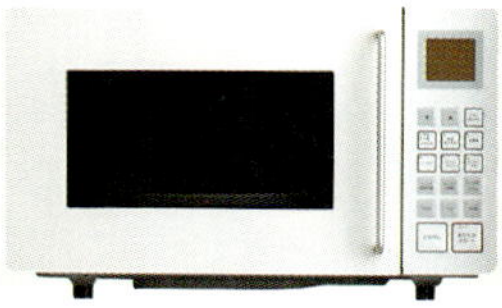

レンジでかんたん漬け

食べきれずに余ってしまった野菜は、漬けものにするのがおすすめ。
電子レンジ利用で、すぐに漬かって、日もちもする。

095
すし酢ピクルス

■材料　121㎉
野菜 … 約350g
＜きゅうり … 1本（100g）、だいこん … 150g、
　にんじん … 50g、ミニトマト … 4〜5個（50g）＞
A＜すし酢 … 100mℓ、水 … 150mℓ＞
＊Aに粒こしょう（10粒）、赤とうがらし（1本）、ローリエ（1枚）などの香辛料を加えると、よりおいしくなる。

■作り方
① 野菜は4〜5㎝長さの棒状に切る。トマトはへたをとり、つまようじでひと刺しする。
② 深めの器にAを合わせ、①を入れる。ラップを落としぶたのように、材料につくようにのせる。電子レンジで約3分30秒加熱する。
③ さまして冷蔵庫で冷やす。
＊約1時間後には食べられ、2週間ほどもつ。

おすすめ野菜

096
野菜の浅漬け

■材料　31㎉
野菜 … 約150g
＜キャベツ … 100g、きゅうり … ½本（50g）＞
しょうが … 1かけ（10g）
塩 … 小さじ½

■作り方
① 野菜は食べやすく薄く切る。しょうがは細切りにする。
② 器に①を入れ、塩を加えてよく混ぜる。
③ ラップをして電子レンジで約1分加熱する。
④ さめたら、水気をしぼる。
＊すぐに食べられ、2日ほどもつ。

おすすめ野菜

週に1度の野菜一掃食べきりレシピ

フライパンで焼くだけ

オムレツもお好み焼きも、具に決まりはないから、残り野菜が使える。
休日の昼食にしても。

097

オープンオムレツ

■材料　329kcal
野菜…約150g
＜たまねぎ…¼個（50g）、ピーマン…1個（40g）、ミニトマト…4〜5個（60g）＞
ベーコン…1枚
卵…1個
A＜塩・こしょう…各少々、粉チーズ…小さじ1＞
オリーブ油…大さじ1

■作り方
① ベーコンと野菜は1㎝角くらいに切る。
② フライパン（小）に油大さじ½を温め、①をいためる。
③ 器に卵をとき、Aと②を混ぜる。
④ フライパンに油大さじ½をたし、③を入れて約1分焼く。表面がやや半熟くらいのところで火を止め、ふたをして1〜2分おいてむらす。

おすすめ野菜

098

お好み焼き

■材料　568kcal
野菜…約150g
＜キャベツ…大1枚（80g）、もやし…50g、万能ねぎ…20g＞
豚薄切り肉…50g
生地＜お好み焼き粉…カップ½（50g）、卵…1個、水…カップ¼＞
ごま油…小さじ1
A＜マヨネーズ・中濃ソース…各適量、（あれば）けずりかつお・青のり…各少々＞

■作り方
① キャベツは細く切る。ほかの野菜も食べやすい大きさにする。
② ボールに卵をとき、水、粉の順に混ぜる（生地）。
③ フライパンに油を温め、肉を広げて入れる。裏返して火を止め、野菜をのせて、生地をかける。
④ 形を整えて弱火にかけ、ふたをして約6分蒸し焼きにする。裏返して2分ほど焼く。皿に盛り、Aをかける。

おすすめ野菜

深めのフライパンなら、焼きもの以外に、煮もの、蒸しものもOK

フライパンで煮こむだけ

おなじみの煮こみ料理に、手持ちの残り野菜を加えて食べきろう。
味のベースがしっかりしているから、野菜の種類は応用がきく。

099
キーマカレー

■材料　643kcal
野菜 … 約200ｇ
＜たまねぎ … ¼個（50g）、なす … 1個（70g）、トマト … ½個（100g）＞
ひき肉（なんでも）… 80g
A＜おろしにんにく・おろししょうが … 各小さじ¼＞
オリーブ油 … 大さじ½　　水 … 50〜70mℓ
カレールウ … 1皿分　　温かいごはん … 1食分

■作り方
① たまねぎはあらみじん切りにする。ほかの野菜は1cm角くらいに切る。
② フライパンに油、A、たまねぎを入れ、強めの中火でいためる。しんなりしたら、ひき肉を加えていためる。
③ 肉に火が通ったら、残りの野菜を加えて軽くいためる。分量の水を加えてふたをし、火を少し弱めて約3分煮る。
④ 火を止め、カレールウを加えてよく溶かし、弱火で1〜2分煮る。

おすすめ野菜

100
ラタトゥイユ

■材料　287kcal
野菜 … 約250g
＜なす … 1個（70g）、たまねぎ … ¼個（50g）、かぼちゃ … 100g、きのこ（なんでも）… 30g ＞
にんにく … 小1片（5g）
A＜トマト水煮缶詰 … ½缶（200g）、塩 … 小さじ⅙、こしょう … 少々＞
オリーブ油 … 大さじ1

■作り方
① 野菜はひと口大くらいに切る。にんにくは薄切りにする。
② フライパンに油とにんにくを入れて弱火にかける。香りが出てきたら、野菜を加えて中火で軽くいため、油がなじんだらAを加える。
③ 弱めの中火にし、ふたをして5分ほど蒸し煮にする。途中1〜2回混ぜる。
*野菜の水分だけで煮るので、火加減に注意。

おすすめ野菜

週に1度の野菜一掃食べきりレシピ

野菜たっぷり鍋

切って煮るだけだから、鍋ものはかんたん。ひとり鍋で残り野菜を一掃！

101
寄せ鍋

■材料　322kcal

野菜 … 約200g

＜はくさい … 100g、ねぎ … ½本（50g）、
きのこ（なんでも）… 50g ＞

豚薄切り肉 … 100g

煮汁＜水 … 400mℓ、酒・しょうゆ … 各大さじ1＞

ぽん酢しょうゆ … 適量

（好みで）七味とうがらし … 少々

■作り方

① 鍋に煮汁を入れて混ぜる。

② 野菜と肉は食べやすい大きさに切る。

③ ①に、肉、野菜を入れて、火にかける。沸とうしたら、ふたをずらしてのせ、弱火で煮る。

④ 火が通ったら、ぽん酢しょうゆにつけ、好みで七味をふって食べる。

102
石狩鍋

■材料　424kcal

野菜 … 約250g

＜キャベツ … 1〜2枚（100g）、じゃがいも … 小1個
（100g）、きのこ（なんでも）… 50g ＞

甘塩鮭 … 1切れ（80g）

とうふ … 小½丁（80g）

煮汁＜水 … 400mℓ、めんつゆ（3倍濃縮）… 大さじ1＞

みそ … 大さじ1

バター … 10g

■作り方

① 鍋に煮汁を入れて混ぜる。

② 野菜、とうふ、鮭は食べやすい大きさに切る。

③ ①に、鮭、野菜を入れて、火にかける。沸とうしたら、ふたをずらしてのせ、弱火で煮る。

④ 火が通ったら、みそを溶かし入れ、とうふを加える。ひと煮立ちしたら火を止め、バターをのせる。

おすすめ野菜

*じゃがいもなどのかたい野菜は、小さめに切る。　*にらや青菜は火の通りが早いので、最後に加える。

土鍋ならそのまま食卓に。なければ、ふつうの鍋でももちろんOK

野菜
200〜250g

＋

肉や魚
80〜100g

＋

煮汁
約400mℓ をめやすに、味をかえて作れる。

103
キムチ鍋

■材料　241kcal

野菜 … 約200g

＜もやし … 100g、ねぎ … ½本（50g）、にら … ½束（50g）＞

生たら … 1切れ（80g）

はくさいキムチ … 100g

とうふ … 小½丁（80g）

煮汁＜水 … 400mℓ、スープの素 … 小さじ1、豆《トウ》板醤《バンジャン》 … 少々、しょうゆ・ごま油 … 各小さじ1＞

■作り方

① 鍋に煮汁を入れて混ぜる。

② 野菜、とうふ、たらは食べやすい大きさに切る。

③ ①に、たらと、にら以外の野菜、キムチを入れて、火にかける。沸とうしたら、ふたをずらしてのせ、弱火で煮る。

④ 火が通ったら、とうふ、にらを加え、ひと煮立ちさせる。

104
チーズ鍋

■材料　590kcal

野菜 … 約200g

＜たまねぎ … ½個（100g）、にんじん … 50g、ブロッコリー … 50g＞

とりもも肉 … 50g　　ウィンナーソーセージ … 2本

煮汁＜牛乳 … 200mℓ、水 … 200mℓ、スープの素 … 小さじ1＞

スライスチーズ … 2枚

フランスパン … 適量

（好みで）塩・こしょう … 各少々

■作り方

① 鍋に煮汁を入れて混ぜる。

② 野菜ととり肉は、食べやすい大きさに切る。

③ ①に、肉、ソーセージ、野菜を入れて、火にかける。沸とうしたら、ふたをしないで中火で煮る。

④ 火が通ったら、チーズをちぎって加え、塩、こしょうをふる。パンを添える。

**とうふ、油揚げ、生揚げを加えても美味。　**残り汁で作るぞうすいやめんもおいしい。

COLUMN 3

食材ムダなし 冷凍保存のコツ

使いきれないかも……

そう思ったら、すぐに冷凍。

コツを押さえれば、

便利でムダなし

おいしい冷凍3か条
1. 新鮮なうちに
2. 小分け・密封して
3. 急速冷凍

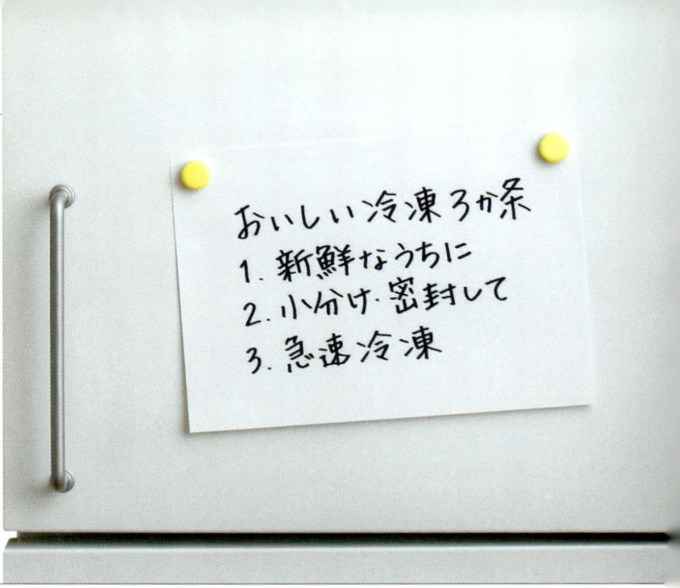

冷凍に向かないもの

ゆで卵、とうふ、生揚げ、牛乳、
もやし、なす、きゅうり、レタス、スプラウト、しその葉など

一度解凍したもの
（解凍して売られている肉・魚の
再冷凍もできれば避ける）

あると便利な冷凍ミックス　　　　　　　　　　　　　　保存期間…約2週間

＊よく使うものを、ミックスして常備しておくと、すぐに使えて便利。食べやすく切って、生のまま冷凍。

みそ汁セット
【例】ねぎ・キャベツ・油揚げ

↓

↓

鍋やレンジでさっと煮て…

ラーメン・焼きそばセット
【例】キャベツ・にんじん・ピーマン

↓

↓

めんとゆでたり、いためたり…

きのこセット
【例】しめじ・えのきだけ・しいたけ

↓

↓

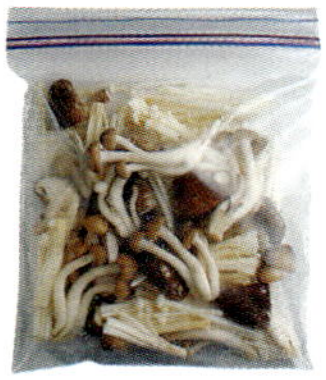

汁もの、煮ものなどに…

［冷凍用保存袋］食品を冷凍するときは、ラップで密閉して乾燥や霜を防ぐことが大切。ラップだけでは、庫内ではがれてしまうことがあるので、冷凍用ポリ袋などに入れる。ジッパーつきの袋があると便利。日づけを書いておくと安心。

野菜の冷凍

保存期間… 約2週間

＊冷凍した野菜は、生ものと比べると、どうしても食感や風味はややおとってしまうが、ムダなく使えて便利。

生のまま冷凍

① 食べやすく切る。
② キッチンペーパーで水気をとる。
③ 小分けし、ラップで平らに包み、保存袋に入れて冷凍。
→凍ったまま汁もの、いためものに。

凍ったまま加熱調理できる野菜

●キャベツ

●はくさい

みず菜

●こまつな、チンゲンサイ

●ブロッコリー

●にんじん

にら

●ピーマン

●かぼちゃ

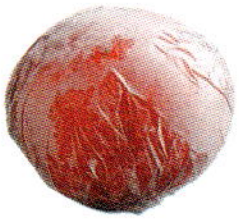
トマト
＊水につけると皮がむける

きのこ

にんにく
＊凍ったまますりおろせる

凍ったまま使える、便利な薬味

万能ねぎ

ねぎ

しょうが
＊凍ったまますりおろせる

パセリ
＊袋の上からもむと細かくなる

ゆでて冷凍　＜ほうれんそう＞

① かためにゆでる（ラップに包んで電子レンジでも可）。
② 水にとって水気をしぼり、食べやすく切る。
③ ラップで平らに包み、保存袋に入れて冷凍。
→凍ったまま加熱調理。汁もの、いためものに。

＊上の●の野菜は、かためにゆでて冷凍しても。
＊青菜はゆでたほうが、かさが減って冷凍しやすい。

ほうれんそう
＊ゆでたあとに水にとると、アクがとれる

［金属製トレー］ステンレスやアルミのトレーにのせて冷凍すると、冷気がすばやく伝わって急速冷凍でき、味の低下を少なくできる。室温や冷蔵庫で解凍するときにも使うと、早く解凍でき、水滴を受けてくれる。

肉・魚の冷凍

保存期間 … 約2週間

＊小分けしてラップで包み、保存袋に入れる。冷凍後は内容が見えづらいので、メモか、パックのラベルをつけておく。

薄切り肉

少しずつずらして広げ、小分けして冷凍。解凍して使う。

とり肉

使いやすく切り、小分けして冷凍。解凍して使う。

ひき肉

小分けして冷凍。解凍して使う。いたみやすいので、1週間以内に使う。

切り身魚

しょうゆ・酒各少々で下味をつけて（味の低下を防ぐ）冷凍。解凍して使う。

そのほかの冷凍

保存期間 … 約2週間

ベーコン

小分けして冷凍。凍ったまま加熱調理。

ウィンナーソーセージ

ゆでるときは凍ったまま、いためるときは冷蔵庫に移して解凍してから。

しらす干し・ちりめんじゃこ

そのまま冷凍。凍ったまま加熱調理。もしくは熱湯をかけて使う。

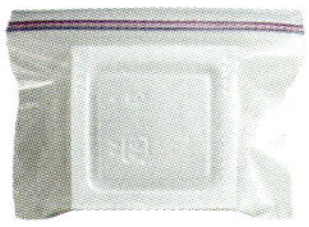

納豆

そのまま冷凍。室温、もしくは冷蔵庫で解凍。

油揚げ

油抜きをして（油の酸化による味の低下を防ぐ）切って冷凍。凍ったまま使う。

油揚げの油抜き

ぬらしたキッチンペーパーで包み、電子レンジで約40秒加熱。または熱湯をかけてしぼる。

ごはん

1食分ずつ包む。電子レンジで加熱。（→P.44ごはん）

パン

大きなパンは切って小分けして冷凍。凍ったまま焼ける。

解凍のコツ

冷蔵庫に移して解凍

トレーなどにのせて、冷蔵庫で解凍。半日ほどかかるので、夕食用は、朝出かける前に冷凍庫から冷蔵庫へ移しておくとよい。

電子レンジで解凍

電子レンジの解凍（弱）機能を使って解凍。加熱ムラや加熱のしすぎに注意しながら、少しずつ。（→P.68電子レンジ調理の基本）

＊室温で解凍すると、その間に細菌が繁殖することがある。食中毒を防ぐため、生ものの室温解凍はできるだけ避ける。

［冷凍用保存容器］万能ねぎの小口切りなど細かいものや、多めに作ったおかずなどは、保存容器に入れて冷凍。冷凍や電子レンジに対応し、ふたも（ずらすなどして）レンジにかけられるものが便利。

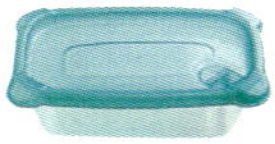

知っとこ！
食のきほん

ひとり暮らしで使い勝手のいい道具や食材はこれ！

初心者でもすぐわかる、料理の基本も。

健康で過ごすには食事が大切。

はじめに食のきほん、知っとこ！

「バランスよく」食べる。って、なにを、どう食べる？

カップめんに、卵かけごはん。すぐ食べれるから、いつもコレ。

おなかいっぱいになれば、なんでもいいや。

なんだか最近、調子悪い。肌も荒れてきた…

卵にとり肉、野菜は、じゃが・たま・にんじん。いつもこの組み合わせ。

野菜食べなきゃ！　でも、サラダばかりは飽きてきた。

いつもごはん抜きで、おかずのみ。だって太るから。

ひとり暮らしを始めて、よく風邪をひく。これって食事のせい？

『自炊本』がすすめる、ひとり暮らしの“食べる”

「おかず＋ごはん」を食べる

たんぱく質（卵・肉・魚・とうふ・乳製品）と炭水化物（ごはん・めん・パン）は、体づくりのもと。
まずは「おかず＋ごはん」を基本に食べる。

野菜を意識して食べる

野菜のビタミン・ミネラルは、健康や美肌に欠かせない。
おかずにも野菜をとり入れて、週末には「野菜食べきりレシピ」でたっぷり補給。

いろいろな食材を食べる

卵や肉だけでなく、魚やとうふ、納豆も。野菜はいろいろな色を。
そうすると、自然と栄養バランスがよくなる。

知っとこ！食材

使いやすい食材を使い回すと、ムダがない

ひとり分のごはんづくりでは、どうしても材料が余りがち。買いやすく、いろいろな料理に使える食材をご紹介。まずはこれらの食材から、自炊をスタート！

主食

米	パン	スパゲティ	そうめん	冷凍うどん	
冷暗所 ※夏はできれば冷蔵	冷暗所	冷暗所	冷暗所	冷凍	◀ 保存場所
1～2か月	賞味期限まで	賞味期限まで	賞味期限まで	賞味期限まで	◀ 保存期間

肉・魚・豆・卵・乳

薄切り肉	とり肉	ひき肉	ハム・ベーコン・ソーセージ	魚肉ソーセージ
冷蔵	冷蔵	冷蔵	冷蔵	冷暗所 ※未開封の場合
1～2日	1日	1日	開封後は3～4日	2～3か月

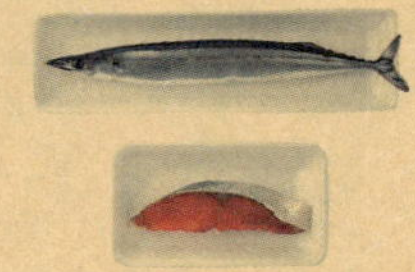

魚	冷凍シーフードミックス	魚味付缶	ちりめんじゃこ	鮭フレーク
冷蔵	冷凍	冷暗所	冷蔵	開封後は冷蔵
1日	開封後は早めに	約2～3年	開封後は早めに	開封後は早めに

もめん・絹ごしどうふ	充填《じゅうてん》どうふ	生揚げ（厚揚げ）	油揚げ	納豆
冷蔵	冷蔵	冷蔵	冷蔵	冷蔵
3～4日	約10日	3～4日	3～4日	約1週間

卵	牛乳	スライスチーズ・粉チーズ	クリームチーズ	ヨーグルト
冷蔵	冷蔵	冷蔵	冷蔵	冷蔵
賞味期限後も加熱すればOK。なるべく早めに	開封後は早めに	開封後は早めに	開封後は早めに	開封後は早めに

食材の保存は?

肉、魚や野菜などは、密閉して冷蔵保存が基本。冷蔵庫内で乾燥しないように、ラップをするか、ポリ袋か密閉容器に入れよう。

使いかけ野菜の保存は?

切り口にラップをして、ポリ袋に入れて冷蔵。多少変色しても、その部分を切り落とせば食べられるものが多いが、早めに使いきろう。

野菜

	キャベツ	ピーマン	青菜（ほうれんそう・こまつな・チンゲンサイ）	にら	ブロッコリー
保存場所 ▶	冷蔵	冷蔵	冷蔵	冷蔵	冷蔵
保存期間 ▶	1週間	1週間	3～4日	3～4日	3～4日

ねぎ・万能ねぎ	はくさい	きゅうり	レタス	スプラウト・かいわれだいこん
冷蔵	冷蔵	冷蔵	冷蔵	冷蔵
1週間	1週間	4～5日	4～5日	2～3日

風通しのよいところで。冷蔵保存すると、より長持ち

じゃがいも	たまねぎ	にんにく	しょうが	もやし
冷暗所	冷暗所	冷暗所	冷蔵	冷蔵
1か月	1か月	1か月	1週間	1～2日

だいこん	きのこ	なす	にんじん	トマト・ミニトマト
冷蔵	冷蔵	冷暗所	冷蔵	冷蔵
1週間	4～5日	2～3日	1週間	1週間

あると便利な冷凍野菜

乾燥カットわかめ・味付のり	もずく・めかぶ	冷凍かぼちゃ	冷凍さやいんげん	冷凍コーン
冷暗所	冷蔵	冷凍	冷凍	冷凍
開封後密閉して1か月	4～5日	開封後2～3週間	開封後2～3週間	開封後2～3週間

知っとこ！ 調味料類

サイズは？

多少割高でも、使いきれる小サイズのものを。保存場所にも困らない。

保存場所は？

冷暗所（温度変化や湿気が少なく、直射日光の当たらないところ）、もしくは冷蔵庫で保存。

日もちは？

開封後の保存期間は、あくまでもめやす。多少過ぎてもすぐにはいたまないが、早めに使いきろう。

まず、そろえよう

塩	こしょう（白・黒）	砂糖	しょうゆ	酒	開封後の
冷暗所	冷暗所	冷暗所	冷暗所 ※夏はできれば冷蔵	冷暗所 ※夏はできれば冷蔵	◀ 保存場所
長期保存可	約3年	長期保存可	約1か月	2〜3か月	◀ 保存期間

だし入りみそ	マヨネーズ	トマトケチャップ	めんつゆ（3倍濃縮）	ぽん酢しょうゆ
冷蔵	冷蔵	冷蔵	冷蔵	冷蔵
約6か月	約1か月	約1か月	約1か月	約4か月

1本持つならサラダ油を（いためものなどにはサラダ油でOK／→P.9）

ごま油	オリーブ油	バター	顆粒スープの素	かたくり粉
冷暗所	冷暗所	密封して冷蔵	冷暗所 ※夏はできれば冷蔵	密封して冷暗所
1〜2か月	1〜2か月	約1か月	1〜2か月	長期保存可

あると便利・味のバリエーションが広がる

おろししょうが	おろしにんにく	ソース	すし酢（→P.16）	練り梅
冷蔵	冷蔵	冷蔵	冷暗所	冷蔵
約3か月	約3か月	約2か月	3〜4か月	約3か月

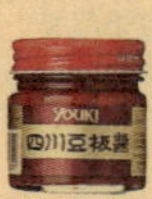

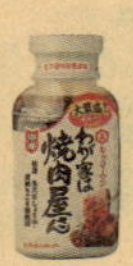

豆板醤《トウバンジャン》	七味とうがらし	粉マスタード	カレールウ	焼き肉のたれ
冷蔵	冷暗所	冷蔵	密封して冷蔵	冷蔵
1〜2か月	約6か月	約1か月	2〜3か月	約2週間

知っとこ! 道具

長く使えるものを

包丁やフライパンなど、基本の調理器具は、多少奮発しても、長く使えるものを買うのがおすすめ。

最初は少ない道具から

最初はごく少ない道具から始め、自分のキッチンや料理スタイルに合わせて、少しずつ買いたしていこう。

まず、そろえよう

鍋類は、自宅の熱源がガスかIHかを確認し、それに対応したものを

包丁
さびにくいステンレス製を

まな板
小サイズのものを

フッ素樹脂加工フライパン深型(24㎝)
煮ものもできる深型を

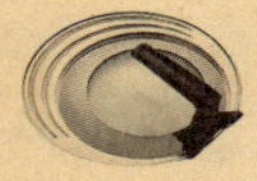

フライパンのふた
一部がガラス製で、中が見えるものを

片手鍋(18㎝)**&ふた**
やかん代わりにも使える

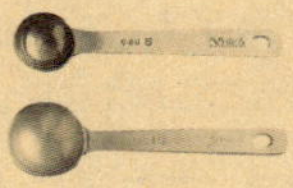

計量スプーン
大さじ15㎖、小さじ5㎖の2本は必ず

計量カップ
耐熱性のものを

デジタルばかり
器をのせて0gにリセットできるものを

フライ返し
フライパンのフッ素樹脂加工を傷つけない樹脂製のものを

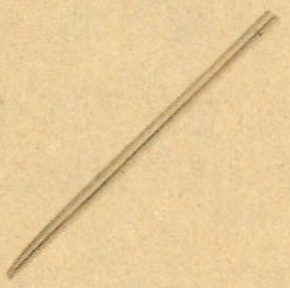

さい箸

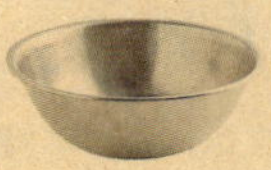

ボール(18㎝)
じょうぶなステンレス製を

ざる(16～18㎝)
取っ手つきが使いやすい

おろしがね
安定がよく、受け皿つきのものを

ラップ
幅20㎝くらいのものを

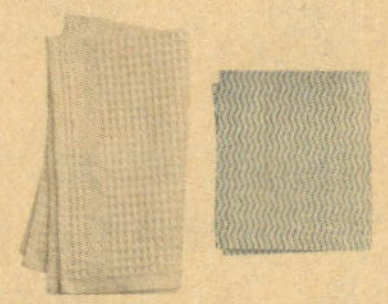

ふきん、台ふきん
吸水性のよいものを

あると便利

皮むき器
じゃがいもの芽とりつきが便利

キッチンばさみ
まな板いらずで食材を切ることができる

おたま
小さめのすくいやすいものを

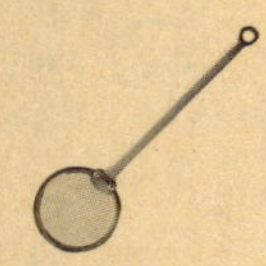

アクとり
ゆでた食材をすくうときにも使える

キッチンタイマー
マグネットつきだと冷蔵庫につけられる

土鍋(6号)
そのまま食卓に出せるので便利

フッ素樹脂加工フライパン(小)
目玉焼きなど、少量の調理に便利

耐熱容器
油分の多い食材や、長時間電子レンジで加熱するときに

アルミホイル
穴をあければ、落としぶた代わりにも

キッチンペーパー

知っとこ！ 計量

計量器を使う

計量スプーン … 大さじ1＝15mℓ　小さじ1＝5mℓ

粉類（塩、砂糖など）

「さじ1」＝スプーンの柄などで、ふちをすりきる。

「さじ½」＝「さじ1」にして、2等分の線を引き、半分を除く。¼は、これをさらに半分に。

「さじ⅓」＝「さじ1」にして、3等分の線（Yの字）を引き、余分を除く。⅙は、これをさらに半分に。

液体（しょうゆなど）

「さじ1」＝ふちいっぱい、こぼれる手前まで。

「さじ½」＝意外と上のほう。½目盛りのないものは、深さの⅔がめやす。

！ アイスクリームの棒をすりきり用へらとして使うと、便利。

手近なスプーンでも計量OK

一度容量をはかり、めやすを覚えておくと、計量スプーン代わりに使える。

計量カップ … カップ1＝200mℓ（cc）

平らなところに置いて、目盛りを確認。

！ 炊飯器についている米用カップ（180mℓ）とまちがえないように。

はかり

はかりの中央に置く。はみ出すものは、皿などにのせてはかる。

デジタルばかりは、皿などを置いて0g表示にできるので、中身の重さだけをはかれる。

おもな調味料類の量と重さ …（g）

調味料名	小さじ1＝5mℓ	大さじ1＝15mℓ	カップ1＝200mℓ
水	5（g）	15（g）	200（g）
しょうゆ	6	18	230
めんつゆ	7	17	—
酢、酒、ワイン	5	15	200
すし酢	6	17	—
ぽん酢しょうゆ	5	15	—
牛乳	5	15	210
トマトケチャップ	6	16	—
マヨネーズ	5	12	—
ウスターソース	5	16	—
みそ	5	16	—
塩	5	15	—
砂糖	3	8	110
スープの素（顆粒）	4	10	—
かたくり粉	4	10	—

手ばかり・目ばかりで

長さのめやす

人さし指の第1関節まで…2〜3cm

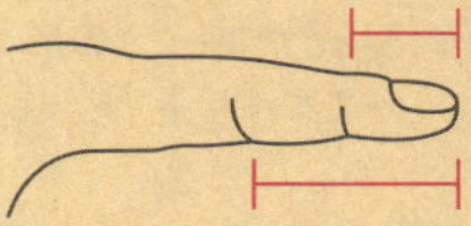

人さし指の第2関節まで…4〜5cm

調味料の「少々」

粉類（塩、こしょうなど）

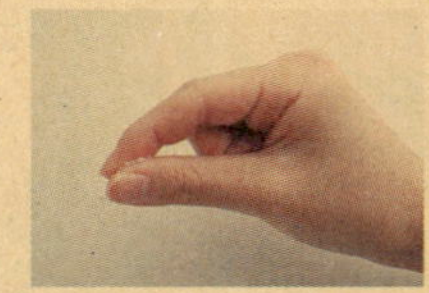

親指と人さし指でつまんだ量。

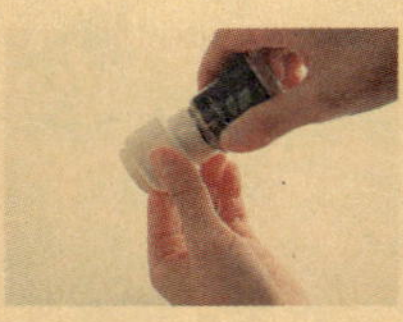

こしょう少々は2〜3ふり。

液体（しょうゆなど）

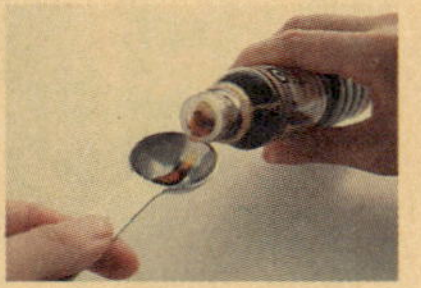

数滴〜小さじ1/2未満の量。

重さのめやす

10g
- にんにく（大）1片*
- しょうが1かけ*
- ミニトマト 1個＝約13g

*親指の先よりやや大きいくらい

50g
- 卵1個（M玉）50〜60g
- ピーマン 1個＝40g
- たまねぎ1/4個
- にんじん 小1/3本
- なす 1個＝70g
- キャベツ 1〜2枚

150g
- トマト1個
- にんじん 小1本
- じゃがいも 1個

100g
- きゅうり1本
- ねぎ1本
- しめじ1パック
- にら1束

*レシピに書いてある野菜の重さは、種や皮などを含んだ重さのこと。

覚えておくと、便利なめやす

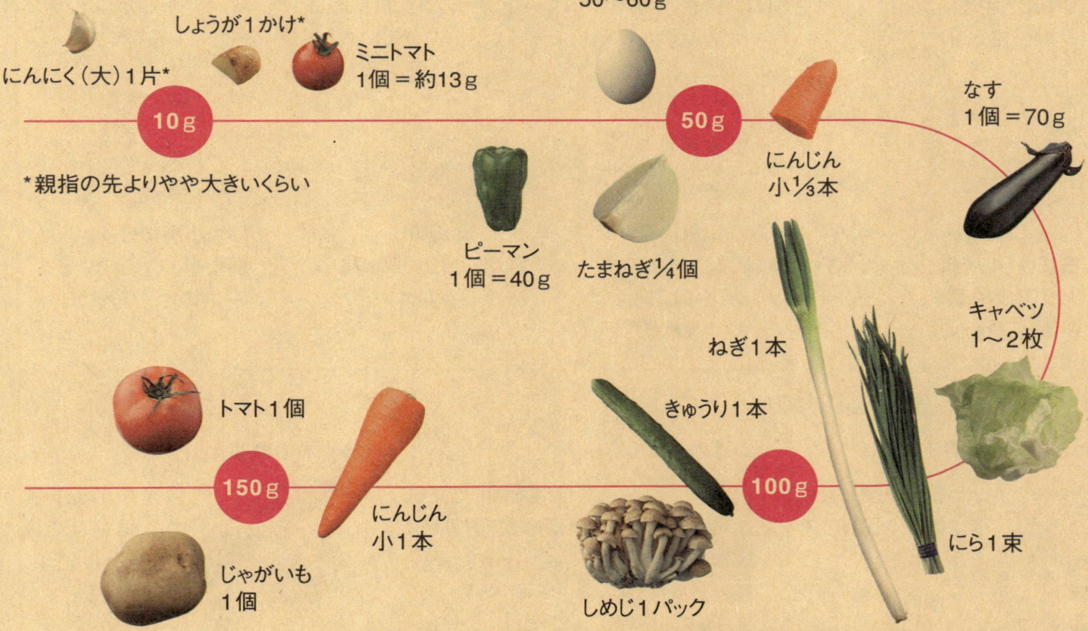

- バター10g…100gのバターを10等分（約1cm幅）
- 油小さじ1…フライパンに流して、直径約5cm
- 油大さじ1/2…フライパンに流して、直径約7cm
- チューブもの（おろしにんにくなど）小さじ1/2…3〜4cm長さ
- スパゲティ1食分80g…手で握ったときの束の直径約2cm

知っとこ！ 野菜の切り方

輪切り
丸い輪に切る
→にんじん、だいこん

半月切り
月が半分欠けた形
→にんじん、だいこん

いちょう切り
いちょうの葉のような形
→にんじん、だいこん

くし形切り
櫛（髪をとかすもの）の形
→たまねぎ、トマト

斜め切り
細長いものを斜めに切る
→ねぎ、きゅうり

ざく切り
大ざっぱにざくざくと切る
→キャベツ、はくさい

ひと口大に切る
2～3㎝大のかたまりに切る
→にんじん、だいこん

細切り
細く切る
→キャベツ

小口切り
細長いものを端
（＝小口）から切る
→ねぎ、きゅうり

みじん切り
ごく細かく切る。少し大きめ
（あらめ）は「あらみじん」
→ねぎ、たまねぎ

せん切り
細切りよりも細く切る
→キャベツ

小房に分ける
房にそって小さく分ける
→きのこ、ブロッコリー

覚えておくと、便利な切り方

たまねぎのみじん切り

根元を少し残して、細かく切りこみを入れる。

横から包丁を入れ、2～3か所、根元のほうまで切りこみを入れる。

端をしっかり押さえ、細かく切る。
＊根元はとり除き、細かくきざむ。

包丁の先を軽く押さえ、包丁を上下に動かしながら、さらにきざむ。

ねぎのみじん切り

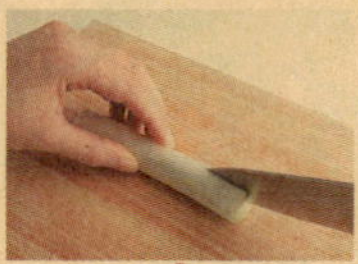

ねぎを回しながら、切りこみを入れる。
＊切りこみの長さは、4～5㎝くらい。

＊残った端は、細かくきざむ。

切りこみを入れた端から、細かく切る。長いねぎは、これらの作業をくり返す。

キャベツのせん切り

葉を2～3枚重ね、両端を内側に丸めて押さえる。端から細く切る。

じゃがいもの芽とり

包丁の刃元を芽のふちに刺しこみ、じゃがいもを回してえぐりとる。

芽とりがついている皮むき器を使うと、かんたんにくり抜ける。

きゅうりをたたく

ラップの芯やめん棒などでたたき、割れ目を入れる。

知っとこ！火加減

大きな泡が出て、**グツグツ**としている。

小さな泡が出て、**コトコト**と音を立てている。

具材が静かにゆれ、湯が**クツクツ**と音を立てている。

強火

全開の火。ただし、鍋底からはみ出さない。

強めの中火

中火

炎の先が鍋底に届くくらいの火。

弱めの中火

弱火

炎は見えるが、鍋底には届かない。

！コンロの機種によって火力が異なるので、慣れて覚えよう。

調理法別、火加減のコツ

〈煮もの〉

強火

沸とうするまでは強火で。

→ 強火

沸とうすると、「アク」が出てくるので、とる。

→ 中火

中火にする。煮汁が少ない煮ものは「落としぶた」をする。

落としぶたがないときは？

アルミホイルを鍋より小さくし、箸で数か所穴をあける。

→ 中火

すぐ火が通る材料は最後。「ひと煮立ち」したら火を止める。

アク…肉などをゆでると中央に集まってくる泡のようなもの。1～2回とれば充分。火を弱めると散るので、強火のうちに手早く。

落としぶた…煮もので、材料の上に直接のせる、鍋よりも小さいふた。少ない煮汁でも全体にいきわたり、均一に煮える。

ひと煮立ち…材料を加えたあと、再び煮立つこと。

〈いためもの〉

弱火

にんにくなどの香味野菜は、焦げやすいので弱火。バターも同様。

→ 強火

香味野菜の「香りが出たら」材料を入れ、強火～強めの中火。

→ 強火

野菜が「しんなり」したら、調味料を加える。

→ 強火

「ひと混ぜ」して、火を止める。

香りを出す…香味野菜は弱火でじっくりといためて、油に香りを移す。

しんなり…パリッとした生の野菜が、少しだけやわらかくなった状態。

ひと混ぜ…調味料がなじむように、全体を大きく1～2回混ぜて味をからめる。

素材別さくいん

※数字は料理番号

素材別さくいん

※数字は料理番号

素材別さくいん

※数字は料理番号

素材別さくいん

※数字は料理番号

"すぐに役立ち、一生使える"
ベターホームのお料理教室

ベターホームは1963年に発足。「心豊かな質の高い暮らし」を目指し、日本の家庭料理や暮らしの知恵を、生活者の視点から伝えています。活動の中心である「ベターホームのお料理教室」は全国18か所で開催。毎日の食事づくりに役立つ調理の知識や知恵、健康に暮らすための知識などをわかりやすく教えています。
資料をご希望の方は、全国の下記事務局へお電話いただくか、ハガキ、ホームページからご請求ください。

東京	☎ 03-3407-0471	札幌	☎ 011-222-3078
大阪	☎ 06-6376-2601	仙台	☎ 022-224-2228
名古屋	☎ 052-973-1391	福岡	☎ 092-714-2411

http://www.betterhome.jp

料理研究／ベターホーム協会（鷲見るり／浜村ゆみ子）
撮影／柿崎真子
アートディレクション＆デザイン／新井 崇（CASH G.D.）
校正／ペーパーハウス

自炊本　10分でつくる、ひとりごはん。

初版発行　2010年2月20日
9刷　　　2015年3月1日

編集　ベターホーム協会
発行　ベターホーム出版局

〒150-8363
東京都渋谷区渋谷1-15-12
〔編集〕☎ 03-3407-0471
〔出版営業〕☎ 03-3407-4871
ISBN978-4-86586-001-6
乱丁・落丁はお取替えします。本書の無断転載を禁じます。
©The Better Home Association,2010,Printed in Japan